Birgit Kahler

Schlangendarstellungen in Mesopotamien und Iran vom 8. bis 2. Jt. v. Chr.

Quellen, Deutungen und kulturübergreifender Vergleich

disserta
Verlag

Kahler, Birgit: Schlangendarstellungen in Mesopotamien und Iran vom 8. bis 2. Jt. v. Chr.: Quellen, Deutungen und kulturübergreifender Vergleich. Hamburg, disserta Verlag, 2015

Buch-ISBN: 978-3-95935-056-3
PDF-eBook-ISBN: 978-3-95935-057-0
Druck/Herstellung: disserta Verlag, Hamburg, 2015
Covermotiv: pixabay.com

Bibliografische Information der Deutschen Nationalbibliothek:
Die Deutsche Nationalbibliothek verzeichnet diese Publikation in der Deutschen Nationalbibliografie; detaillierte bibliografische Daten sind im Internet über http://dnb.d-nb.de abrufbar.

Das Werk einschließlich aller seiner Teile ist urheberrechtlich geschützt. Jede Verwertung außerhalb der Grenzen des Urheberrechtsgesetzes ist ohne Zustimmung des Verlages unzulässig und strafbar. Dies gilt insbesondere für Vervielfältigungen, Übersetzungen, Mikroverfilmungen und die Einspeicherung und Bearbeitung in elektronischen Systemen.

Die Wiedergabe von Gebrauchsnamen, Handelsnamen, Warenbezeichnungen usw. in diesem Werk berechtigt auch ohne besondere Kennzeichnung nicht zu der Annahme, dass solche Namen im Sinne der Warenzeichen- und Markenschutz-Gesetzgebung als frei zu betrachten wären und daher von jedermann benutzt werden dürften.

Die Informationen in diesem Werk wurden mit Sorgfalt erarbeitet. Dennoch können Fehler nicht vollständig ausgeschlossen werden und die Diplomica Verlag GmbH, die Autoren oder Übersetzer übernehmen keine juristische Verantwortung oder irgendeine Haftung für evtl. verbliebene fehlerhafte Angaben und deren Folgen.

Alle Rechte vorbehalten

© disserta Verlag, Imprint der Diplomica Verlag GmbH
Hermannstal 119k, 22119 Hamburg
http://www.disserta-verlag.de, Hamburg 2015
Printed in Germany

Abkürzungsverzeichniss und besondere Schreibweisen

Abb.	Abbildung
FD.	Frühdynastisch
Fig.	Figur
m. E.	meines Erachtens
Jh.	Jahrhundert
Jt.	Jahrtausend
RLA	Reallexikon der Assyriologie und vorderasiatischen Archäologie
Taf.	Tafel
u. a.	unter anderem
v. Chr.	vor Christus
z. B.	zum Beispiel

Die Schreibweise der Namen und Orte orientiert sich an dem Reallexikon der Assyriologie und Vorderasiatischen Archäologie.[1]

sch	š
tsch	ç
ch	ḫ

---

[1] In der PDF Fassung dieses Dokuments konnte aus technischen Gründen das ḫ nicht wie im RLA dargestellt werden.

Inhaltsverzeichnis

1 **Einleitung** 11
  1.1 Aufbau und Ziel der Arbeit 11
  1.2 Gebietsabgrenzung 12
  1.3 Merkmale lebender Schlangen 13
      1.3.1 Ursprung, Evolution und Verbreitung 13
      1.3.2 Die zwei großen Schlangengruppen und ihre Besonderheiten . 13

2 **Schlangendarstellungen** 17
  2.1 Materialgruppe 1: Keramik 17
      2.1.1 Gemalte Schlangen 17
      2.1.2 Schlangenappliken 19
      2.1.3 Deutung 20
  2.2 Materialgruppe 2: Stempelsiegel und Tabloide 21
      2.2.1 Seltene Darstellungstypen 21
      2.2.2 Schlange und ziegenköpfige Gestalt im Iran 23
      2.2.3 Schlange und Capride 25
      2.2.4 Verschlungene Schlange 26
      2.2.5 Deutung 27
  2.3 Materialgruppe 3: Rollsiegel 28
      2.3.1 Seltene Darstellungstypen 30
      2.3.2 Schlange und menschliche Gestalt in Mesopotamien 30
      2.3.3 Verschlungene Schlange 32
      2.3.4 Einfache Schlange in Szenen 36
      2.3.5 Schlange in diversen Zusammenhängen 39
      2.3.6 Bootgott 42
      2.3.7 Gott mit Schlangenunterkörper 43
      2.3.8 Gott auf dem Schlangenthron 45
      2.3.9 Thematisch relevante Siegel ohne Schlange 47
  2.4 Materialgruppe 4: Rundplastik 48
      2.4.1 Mesopotamien 48
      2.4.2 Iran 50
      2.4.3 Deutung 51
  2.5 Materialgruppe 5: Relief 51
      2.5.1 "Schlangenbändiger" 51
      2.5.2 Verschlungene Schlange und Schlangendrache 52
      2.5.3 Gott auf Schlangenthron 53

	2.5.4	Schlange auf Kudurrus	54
2.6		Kultbauten mit Schlangenzier?	55

3 Textquellen   **57**
- 3.1 Chtonische Schlangengötter ... 57
    - 3.1.1 Ereškigal ... 57
    - 3.1.2 Ninazu ... 59
    - 3.1.3 Tišpak ... 60
    - 3.1.4 Ningizzida ... 61
    - 3.1.5 Ninmada ... 64
    - 3.1.6 Bootgott ... 64
    - 3.1.7 Ištaran ... 65
    - 3.1.8 Inšušinak ... 67
    - 3.1.9 Zeit der großen Reiche ... 67
    - 3.1.10 Zusammenfassung ... 68
- 3.2 Schöpfungsmythen und Epen ... 69
    - 3.2.1 Dilmun-Mythos ... 69
    - 3.2.2 Enki und die Weltordnung ... 70
    - 3.2.3 Atramhasis-Mythos ... 71
- 3.3 Rituale und Träume ... 72
    - 3.3.1 Ritualanfang ... 72
    - 3.3.2 Etana-Mythos als Initiationsritus ... 72
    - 3.3.3 Träume und ihre Bedeutung ... 74
    - 3.3.4 Schlangenbeschwörung ... 77

4 Schlangenkulte   **79**
- 4.1 Schlange als Schöpferwesen ... 79
- 4.2 Schlangen, Naturphänomene und Regenzeremonien ... 80
- 4.3 Initiationsriten ... 82
- 4.4 Schlange als Ahnenwesen ... 82
- 4.5 Schlange und Macht ... 83

5 Ergebnisse   **85**
- 5.1 Ausgangspunkt ... 85
- 5.2 Ergebnisse der Textanalyse ... 86
    - 5.2.1 Urelemente Wasser und Erde ... 86
    - 5.2.2 Vom Chaos zur Zivilisation ... 86
    - 5.2.3 Zyklischer Ablauf des Jahres ... 86
- 5.3 Archäologische Ergebnisse ... 87
    - 5.3.1 Kult ... 87
    - 5.3.2 Symbolik von Keramik und Stempelsiegeln ... 88
    - 5.3.3 Rollsiegel: Rituelle, symbolische und mythologische Bedeutung ... 88
    - 5.3.4 Rundbild und Relief ... 89
- 5.4 Modelle ... 90
    - 5.4.1 Die drei Ebenen der Schöpfung ... 90
    - 5.4.2 Transformation zum Jahreszeitenwechsel ... 90
    - 5.4.3 Darstellung der Schlangengötter ... 91

Literaturverzeichnis		**93**
A	**Abbildungen**	**103**
	A.1 Karte	103
	A.2 Lebende Schlangen	104
	A.3 Schlange auf Keramik	105
	A.3.1 Bemalung	105
	A.3.2 Appliken	106
	A.4 Schlange auf Stempelsiegeln	110
	A.4.1 Schlange und ziegenköpfiges Wesen	112
	A.4.2 Schlange und Capride	114
	A.4.3 Verschlungene Schlange	117
	A.5 Schlange auf Rollsiegeln	117
	A.5.1 Schlangenbändiger	118
	A.5.2 Verschlungene Schlange	120
	A.5.3 Einfache Schlange in Szenen	122
	A.5.4 Schlangengott	125
	A.5.5 Gott auf Schlangenthron	127
	A.6 Schlange in der Rundplastik	129
	A.7 Schlange in Relief	133
	A.8 Schlange und Kultbauten	137
	A.9 Darstellungen aus anderen Kulturkreisen	139
B	**Chronologietabelle**	**141**

Kapitel 1

Einleitung

Aus vielen Kulturen der Welt gibt es sowohl archäologische, als auch ethnologische Zeugnisse von Schlangendarstellungen und mit diesen in Verbindung stehenden Riten und Mythen. Geht die Faszination und die daraus resultierende Verehrung der Schlangen möglicherweise auf ihre Zwischenstellung im Übergang von Reptilien zu Säugetieren zurück? Ihre ungewöhnlichen Lebens- und Verhaltensweisen und das fast weltweite Vorkommen, angefangen von Wasserschlangen bis hin zu Gebirgsschlangen, wären ein Auslöser für die religiöse Verehrung durch den Menschen.

Die vorliegende Arbeit ist der Versuch, die aus Mesopotamien und Iran bekannten Schlangendarstellungen, die dazugehörigen Kulte und Götter und deren Entwicklung bis ins zweite vorchristliche Jahrtausend zusammenzutragen und darüber hinaus diese nicht immer zahlreichen Fakten zu interpretieren. Das Gebiet und der Zeitraum sind so gewählt, dass man eine Entwicklung von vorgeschichtlichen religiösen Vorstellungen hin zu denen einer Hochkultur[1] nachvollziehen kann. Das archäologische Material der ausgewählten Gebiete des östlichen fruchtbaren Halbmondes und des mesopotamischen Tieflandes scheinen für diese Entwicklungslinie geeignet. (1^2) Den Beginn des gewählten Zeitraums in das 8. Jt. v. Chr. zu setzen war fundbedingt.[3] Nicht ohne weiteres verständlich ist dagegen, warum die Betrachtung im 2. Jt. v. Chr. endet, da auch nach diesem Zeitraum die Schlange in den Darstellungen und Vorstellungen fortbesteht. Diese Zäsur ist aber, wie sich zeigen wird, im Hinblick auf den Umfang der Arbeit und die bis zu diesem Zeitpunkt erzielten Ergebnisse gerechtfertigt.

1.1 Aufbau und Ziel der Arbeit

Die Einleitung beschäftigt sich kurz mit dem Ursprung und der Evolution, sowie den verschiedenen Besonderheiten lebender Schlangen. Dazu werden auch einige im Vorderasiatischen Raum heimische Schlangen vorgestellt.

---

[1] Besser ist hier von schriftlosen und schriftführenden Kulturen zu sprechen.
[2] Encarta Weltatlas
[3] "War" deshalb, weil sich im Laufe der Untersuchung herausstellte, dass es in Göbekli schon Schlangentempelanlagen im 9. Jt. v. Chr. gegeben hat, eine Tatsache die sich positiv auf die Ergebnisse dieser Arbeit auswirken, da eine tiefe Verwurzelung der Schlangenverehrung angenommen wird. Je weiter man im fruchtbaren Halbmond nach Westen kommt, desto älter müssten die Schlangenfunde werden, da auch die Besiedlung früher anzusetzen ist.

Ausgehend von den Schlangendarstellungen aus Mesopotamien und Iran vom 8.-2. Jt. v. Chr. wird im ersten Kapitel untersucht, welche Rolle der Schlange in diesem Gebiet zukommt. Dazu werden die Darstellungen in die Materialgruppen Keramik, Stempelglyptik und Tabloide, Rollsiegel, Rundplastik und Relief unterteilt. Innerhalb dieser Materialgruppen selbst wird thematisch und chronologisch untergliedert mit dem Ziel, einen Zusammenhang zwischen Darstellungsart, verwendetem Material und dem Verwendungszeitraum herauszuarbeiten. Ebenso werden, wenn möglich, bestimmte Schlangenarten identifiziert.

Der zweite große Punkt befasst sich mit Textquellen, die einen Einblick in die hinter den Darstellungen stehenden Ideen geben sollen. Die Schlangengötter werden versuchsweise in die Göttergenealogie eingereiht und ihre Funktionen und Attribute vorgestellt. Dass man dennoch nicht unbedingt jeden in Texten erwähnten Gott auch mit einer Darstellung in Einklang bringen kann, mag daran liegen, dass in den Abbildungen jeweils einzelne Aspekte eines Gottes dargestellt sind, die fälschlicherweise als verschiedene Götter angesprochen werden. Es bleibt festzustellen, ob Darstellung und Text tatsächlich, wie bislang angenommen, verschiedene Teile der gesuchten Gesamtvorstellung liefern, oder ob beide miteinander in Verbindung gebracht werden können. Dazu werden einige Schöpfungsmythen und Epen näher betrachtet. Ritualtexte und Beschwörungsformeln sollen Aufschluss darüber geben, welchen Stellenwert die Schlange in Festen und im täglichen Leben innehatte. Da oft nur kleine Anmerkungen in Übersetzungen Anlass zu Querverbindungen geben, muss auf die Subjektivität der Interpretation an manchen Stellen hingewiesen werden, die zwar wenn möglich durch Vergleiche relativiert wurde, doch sicher noch immer genug Anlass zur Kritik gibt. Deshalb sei an dieser Stelle betont, dass es sich um eine anhand der verwendeten Quellen mögliche Deutung handelt, die aber bei anderem Quellenmaterial durchaus an manchen Stellen neu zu überdenken sein wird. Die kurze Betrachtung der mentalen Fähigkeiten der Priester, sowie der Bedeutung von Träumen soll einen Einblick in Grundvoraussetzungen der menschlichen Kultur- und Religionsentwicklung geben.

Um diese oft sehr fragmentarischen Geschichten und Kulte etwas besser nachvollziehen zu können, werden in einem weiteren Kapitel die Hauptaspekte der Schlange, wie sie sich aus der Fundlage herauskristallisiert haben, durch ausgewählte Vergleichsbeispiele aus anderen Kulturräumen erweitert und gefestigt. Vor allem auf dem Gebiet der Vorstellungswelt und der Riten sind neue Impulse möglich.

In einem abschließenden Kapitel werden nocheinmal die Ergebnisse zusammengefasst und anhand von Tabellen veranschaulicht.

1.2 Gebietsabgrenzung

Das Gebiet, das im wesentlichen den nordöstlichen Fruchtbaren Halbmond und das mesopotamische Tiefland umfasst (Karte 1[4]), wurde zum einen mit dem Ziel gewählt, festzustellen, ab wann Schlangen dargestellt werden, und zum anderen um zu sehen, wie sich die Darstellungen und Vorstellungen der Menschen beim Übergang vom Leben im Gebirge, zum Leben im mesopotamischen Tiefland verhalten. Wichtig ist für die Betrachtung, dass einige günstige Verbindungswege zwischen dem Hoch- und

---
[4] Encarta Weltatlas

Tiefland schon seit jeher genutzt wurden, was zu einem ständigen Austausch sowohl von Rohstoffen als auch von Ideen geführt hat.[5]

1.3 Merkmale lebender Schlangen

Als Grundvoraussetzung für das Verständnis der Schlangenverehrung sollen Entstehung und Entwicklung von Schlangen und ihre Besonderheiten kurz besprochen werden.

1.3.1 Ursprung, Evolution und Verbreitung

Schlangen gehören zur Klasse der Reptilien, so dass ihre Wurzeln in deren geschichtlicher Entwicklung zu suchen sind, die gegen Ende des Paläozoikums, also vor rund 340 Millionen Jahren beginnt. Anders als die Dinosaurier, Flugsaurier und die Schwanenhalsechsen stirbt die Ur-Schlange im Mesozoikum nicht aus. Es gelingt ihr in den folgenden Jahrmillionen nicht nur sich zu behaupten, sondern sie entwickelt sich mit ihren 2600 Arten zu einer der evolutionsgeschichtlich erfolgreichsten Gruppen. Hinweise auf die Abstammung der Schlangen von echsenähnlichen Reptilien geben heutzutage noch die Beinreste von Riesenschlangen in Form von winzigen Sporen an der Schwanzbasis. In diesem Zusammenhang werden oft Warane als ihre nächsten Verwandten zitiert.

Zur Frage, wie aus den Echsen in der Evolutionsgeschichte Schlangen wurden, gibt es drei Theorien: Die erste Theorie geht davon aus, dass die Vorfahren der Schlange Landtiere waren. Andere sehen ihren Ursprung im Wasser. Es bleibt jedoch das Problem, dass beide Lebensweisen nicht zur maßgeblichen Reduzierung der Gliedmaßen geführt haben können. Eine dritte Theorie sieht deshalb den Ursprung der Schlangen in Tieren mit grabender Lebensweise, was sich auf die Gemeinsamkeit der Grabtätigkeit primitiver Schlangen und Grabechsen stützt. Die Vorfahren der Schlange waren demnach halb Wasser- und halb Grabtiere und lebten, wie noch heute die Doppelschleichen, im Schlamm.[6] Es wird vermutet, dass Schlangen, wie man sie heute kennt, in der unteren Kreide oder dem oberen Jura, also vor 150-100 Millionen Jahren erstmals auftauchen. Ein Blick auf das heutige Verbreitungsgebiet der Schlangen macht deutlich, wie sich diese Gattung an alle freien ökologischen Nischen angepasst hat. So findet man Schlangen, von der Arktis abgesehen, überall vom 67. Breitengrad Nord bis zum 50. Breitengrad Süd. Ferner wird aus dem Himmalayagebirge von Schlangen in 4900 Metern Höhe berichtet. Doch auch in Süß- und Salzwasser leben verschiedene Arten und tauchen bis zu einer Tiefe von 100 Metern.

1.3.2 Die zwei großen Schlangengruppen und ihre Besonderheiten

Schlangen werden in zwei Gruppen eingeteilt, nämlich die **Scolecophidia** und die **Alethinophidia**.

---

[5] Horasan Straße entlang der Diyala; Zugang über Dēr; Schiffsverbindung von Lagaš über persischen Golf und Karūn Fluss nach Susa. Ferner liegen Kiš, Dēr und Susa in einem 100 km Radius um Lagaš, auch Tell Asmar ist nur unwesentlich weiter entfernt. Selz 1989: 29.

[6] Rage 1994 a: 28, 29.

Erstere Gruppe umfasst nur 260 Arten, zu denen vor allem kleine bis zu 100 cm große, unterirdisch lebende Schlangen zählen. Diese einem Wurm ähnelnden Schlangen sind ungiftig und werden wegen ihres schlecht ausgeprägten Sehvermögens auch Blindschlangen genannt. Sie leben nur in feuchtwarmen Gebieten. Die Blumentopfschlange und die Seeschlange sind die geographisch am weitesten verbreiteten Typen dieser Gruppe, nämlich von Iran bis Mexiko. Dies wird so erklärt, dass diese Schlangen in Gemeinschaft mit dem Menschen in den Wurzeln ihrer Kulturpflanzen leben und somit die Menschen auf ihren Migrationsrouten begleiten und dabei immer neue Gebiete erschließen können. Dies wird auch durch die Tatsache erleichtert, dass weibliche Tiere ausreichen, um neue Gebiete zu bevölkern, da sie sich durch **Parthenogenese** fortpflanzen.

Die zweite Gruppe heißt übersetzt die "wahren Schlangen". Es gehören hier von 20 cm bis 10 m Länge bodenbewohnende Tiere, Baumschlangen, Wasserschlangen, unterirdisch lebende Schlangen und sogar "fliegende" Schlangen hinzu, deren Körper sich jeweils speziell an die bewohnte ökologische Nische angepasst haben. Wichtigstes Unterscheidungsmerkmal zur ersten Gruppe ist der deutlich vom Rumpf abgehobene Kopf mit dem aushängbaren Kiefer, der es den Schlangen erlaubt, sehr große Beutestücke zu verschlingen, die ihren Körperdurchmesser um ein Vielfaches übersteigen.

Doch es gibt in dieser Gruppe auch noch Arten mit wenig ausgeprägtem Kopf, was auf eine nähere Verwandtschaft mit den wurmähnlichen Schlangen schließen lässt. Da Schwanz und Kopf dieser Schlangen nahezu identisch sind, nennt man sie auch **doppelköpfige Schlangen**. Diese favorisieren unterirdische Lebensweisen und sind vor allem in Reisfeldern und Sümpfen zu finden.[7]

Aber auch das Schlangengift unterscheidet beide Gruppen voneinander. Schlangen sind allesamt Fleischfresser. Manche töten ihre Beute durch Giftinjektion, andere erwürgen sie. Vipern haben die raffiniertesten und längsten Giftzähne. Sie können sie bei Gebrauch vom Gaumen herunterklappen und im Bruchteil einer Sekunde Gift einspritzen. Für den Vorderen Orient muss an dieser Stelle die Gattung "Cerastes" genannt werden, die bestens auf das Wüstenleben ausgerichtete Hornschlangen beinhaltet, die sich gerne in den Sand eingraben.[8] Viele Boaarten wie auch Vipern haben Wärmegruben am Kiefer, die es ihnen ermöglichen, ihrer Beute auch bei völliger Dunkelheit zu folgen.[9]

Anders als Vögel und Säugetiere verfügen Schlangen nicht über ein eigenes Wärmesystem, um ihre Körpertemperatur konstant zu halten. Ihre Aktivitäten hängen demnach sehr von den klimatischen Bedingungen ab. So können Schlangen in den Tropen fast immer aktiv sein, wohingegen Schlangen in gemäßigten Breiten in einen Starrezustand, dem sogenannten Winterschlaf, verfallen, sobald die Aussentemperatur zu niedrig wird.[10] Doch auch Schlangen in den Tropen ziehen sich zu bestimmten Zeiten des Jahres in Höhlen oder unter die Erde zurück, um zu schlafen.

Das Schillern der Schuppen erinnert an die Farben des Regenbogens, was in vielen Kulturen den Namen "Regenbogenschlange" geprägt hat. Die vielen geometrischen Muster gaben sicher Anregungen für die Verzierung frühester Keramik.

Daneben verfügen Schlangen auch über eine Reihe von **Automatismen** und **Refle-**

---

[7] Rage 1994 b: 35 36.
[8] Rage 1994 b: 42.
[9] Marven und Harvey 1996: 16 und 68.
[10] Marven und Harvey 1996: 7.

xen. So bewegt sich z. B. der Körper einer Schlange noch lange weiter, auch wenn er schon vom Kopf getrennt ist. Andersherum bleibt der Kopf einer Klapperschlange mit ein paar Millimetern Körper noch ca. 15 Minuten am Leben und kann auch dann noch zubeissen. Auch eine Kobra kämpft in zwei Hälften geteilt weiter. Beobachtungen wie diese, zusammen mit ihrer Fähigkeit, sich zu häuten, haben sicher dazu beigetragen, der Schlange eine ungeheure Lebenskraft und ewiges Leben zuzuschreiben.

Interessant ist ferner, dass man durch rhythmische Bewegungen und ständiges Drehen Schlangen so manipulieren kann, dass sie ihr Raumgefühl völlig verlieren und in eine Art Totenstarre verfallen, eine Technik, die sich Schlangentänzer bei Zeremonien zu Nutze machen, um nicht gebissen zu werden.[11]

Im Paarungsverhalten der Schlangen spielt Duft eine wichtige Rolle. Das Weibchen scheidet über die Haut Pheromene aus und legt so für das Männchen eine Duftspur. Natürlich ist das Paarungsverhalten je nach Schlangenart verschieden. Einige Arten veranstalten einen richtigen Schlangenball, bei dem sich bis zu 30 Männchen um ein Weibchen bemühen und dieses umschlängeln. Bei einigen Klapperschlangen-, Vipern- und australischen Giftschlangenarten führen die Männchen Kommentkämpfe durch, bei denen die beiden Kontrahenten solange ineinander verschlungen sind, bis das schwächere aufgibt.

Beeindruckt sind die Menschen sicher auch von der Lautlosigkeit der Schlange, durch die sie schmerzunempfindlich wirkt. Durch ihre exzellente Tarnung scheint es fast, als ob sie wie ein Geist plötzlich aus dem Nichts auftaucht. Sehr gefürchtet sind die nachtaktiven Spezies.

Zyklopenähnliche Tiere (2^{12}) oder auch Schlangen mit zwei Köpfen (3^{13}), als Beispiele genetisch bedingter Anomalien, kann man auch zu den Faktoren rechnen, die der Schlange einen Platz in der Mythologie einräumen.

Im folgenden sollen kurz einige im eurasischen Raum heimische Schlangenarten besprochen werden.

- **Ringelnatter**

    Der Körper der Ringelnatter ist olivgrau oder grünlich bis silbergrau gefärbt mit dunklen Flecken und Streifen. Charakteristisch ist ihr gelber oder weißer Kragen. Bevorzugte Lebensräume sind Sumpfgebiete, Weideland, Äcker und Hänge in Wassernähe. Bei Berührung entleert sie ihre Analdrüse und stellt sich tot. Ihre Körperlänge kann bis zu zwei Meter betragen.[14]

- **Würfelnatter**

    Die Würfelnatter wird bis zu 1 m lang und ist leicht an dem aus dunklen Vierecken bestehenden Muster zu erkennen. Ihre Grundfarbe kann von grau, braun, grün bis schwarz oder gelb variieren. Sie lebt immer in Wassernähe oder im Wasser.[15]

---

[11] Mundkur 1983: 89.
[12] Rage 1994: 107.
[13] Rage 1994: 106.
[14] Marven und Harvey 1996: 47.
[15] Marven und Harvey 1996: 47.

- **Glatt- und Schlingnatter**

  Die Glatt- und Schlingnatter wird bis zu 60 cm lang, ist von grauer Farbe und ist mit mehreren unregelmäßigen dunklen Rückenflecken und zwei kräftigen dunklen Streifen vom Nacken bis zu den Augen gezeichnet. Sie ist tagaktiv und bevorzugt trockene Lebensräume wie sandiges Heideland, Abhänge mit Gebüsch und Böschungen.[16]

- **Hornviper**

  Die giftige Hornviper (Cerastes) (4^{17}) lebt im Treibsand und wird bis zu 60 cm lang. Sie ist sandfarben mit regelmäßigen Rückenflecken. Namengebend sind die langen Hörner über den Augen, auf denen sich der Sand sammeln kann und die Augen frei hält.[18]

- **Sandotter**

  Die Sandotter, eine sehr giftige Schlange, wird bis zu 90 cm lang, ist dickleibig und hat einen dreieckigen Kopf. Die Männchen sind meist grau, die Weibchen eher braun gefärbt, mit einem deutlichen Zickzackmuster auf dem Rücken. Ihr Lebensraum sind trockene, sonnige Steinhänge mit etwas Vegetation. Normalerweise ist diese Art tagaktiv und lebt am Boden.[19]

Inwieweit sich eine der genannten Schlangen in den Darstellungen identifizieren lässt, wird sich zeigen. Die genannten Schlangen stellen natürlich nur eine Auswahl der heute dort lebenden Schlangen dar. Neben den erwähnten gibt es auch eine Reihe von giftigen Seeschlangen, die besonders für die Fischer und Perlentaucher am Persischen Golf eine Gefahr darstellen. Dass auch Pythonarten und Boas bekannt gewesen sein müssen, zeigen Abbildungen von Schlangen, die Menschen verschlingen.

---

[16] Marven und Harvey 1996: 50.
[17] Rage 1994: 130.
[18] Marven und Harvey 1996: 71.
[19] Marven und Harvey 1996: 74.

Kapitel 2

Schlangendarstellungen und erste Deutungsversuche

Ziel dieses Kapitels soll ein Gesamtüberblick über die in Mesopotamien und Iran gefundenen Darstellungen von Schlangen und zu ihnen in Beziehung stehenden Schlangengöttern[1] sein. Hauptaugenmerk wird dabei auf die verschiedenen Kombinationsmöglichkeiten der Schlangen mit anderen Tieren oder Göttern und deren bevorzugte Materialgruppen gelegt. Zum Teil werden auch bereits Deutungsmöglichkeiten angeführt, deren genauere Ausführung jedoch erst in den Kapiteln 3 und 4 erfolgt. Mitberücksichtigt werden auch charakteristische Merkmale lebender Schlangen, die sofern sie Parallelen in den Darstellungen haben versuchsweise zugewiesen werden.

2.1 Materialgruppe 1: Keramik

Bei den mit Schlangen verzierten Keramikgefäßen sind zwei Arten von Dekor, nämlich Bemalung und Appliken zu unterscheiden. Was in die Betrachtung nicht mit einbezogen wird, sind geometrisch verzierte Keramiken, deren Musterung meines Erachtens zum Teil als Abbild der Schlangenhaut gedacht gewesen sein könnte.

2.1.1 Gemalte Schlangen

Nordmesopotamien

- **Schlange allein auf Keramikbruchstücken**

   Aus den Fundorten Arpachiya (5^2) und Halaf (6^3) sind zwei bemalte halafzeitliche Tonscherben bekannt, die jeweils eine mit Punkten gefüllte Schlange zeigen. Der Körper von Abbildung 5 ist gefaltet, was zu der Vermutung führt, dass es sich um eine Kobraart handelt. Der Körper von Bild 6 ist nur teilweise erhalten, doch scheint er eher in Spiralform aufgemalt worden zu sein.

---

[1] Der Begriff Gott wird in dieser Arbeit sowohl für tier als auch menschengestaltige Götter verwendet, da beide als Ausdruck für den Glauben an übernatürliche Wesen angesehen werden können.
[2] Stevens 1989: Abb. A 3.
[3] Stevens 1989: Abb. A 4.

Diesen beiden zeitlich gleichzusetzen sind drei bemalte Scherben aus Yarim Tepe II, die ebenfalls gepunktete Schlangen abbilden (7-9[4]). Diese ähneln Beispiel 5 in der Kopfform sehr.

Aufgrund des Erhaltungszustandes sind bei Keramikbruchstücken keine Aussagen darüber zu treffen, ob die Schlange tatsächlich allein oder in Kombination mit anderen Tieren dargestellt war. Doch allein die Tatsache, dass in sehr früher Zeit Keramik mit Schlangen verziert wurde, macht meines Erachtens auf ihre kultische Bedeutung aufmerksam.

Iran

- **Schlange allein auf Keramikbruchstücken**

  Auch aus dem Iran sind Beispiele verschiedenartig dargestellter Schlangen auf Keramik bekannt. Die Darstellungen (10-14)[5] stammen aus Tepe Sialk. Die ersten vier Beispiele zeigen senkrechte, leicht gewellte Schlangen, deren Körper gepunktet, gestreift oder ganz ausgefüllt sind. Ihr Kopf ist in Dreiecksform dargestellt. Die Nummern 13 und 14 zeigen spiralförmig aufgerollte Schlangen, ebenfalls mit Dreieckskopf und gestreifter Musterung. Aus Susa kommt Beispiel 15[6], in dem die ausgefüllte Schlange eine klare S-Form beschreibt. Ihr Kopf ähnelt dem der Schlange aus Arpachiya (5). Neu ist, dass der Körper der Schlange von einer feinen Punktreihe eingefasst wird. Nummer 16[7] aus Bakun zeigt die Schlange in Kombination mit Dreiecken. Nummer 17[8] aus Bouhallan könnte eine gehörnte Schlange abbilden. Da die meisten der erwähnten Schlangen einen dreieckigen Kopf aufweisen, kann man eine Identifizierung mit der sehr giftigen Sandotter (siehe Seite 16) favorisieren, die trockene Felshänge als Lebensraum bevorzugt.[9] Die gehörnte Schlange (17) kann als Hornviper (siehe Seite 16) angesprochen werden.

- **Schlange und Capride**

  Ebenfalls aus dem Iran stammt eine Keramikscherbe, auf der neben einer zickzackförmigen Schlange auch ein Capride dargestellt ist (18[10]). Dieser Kombination begegnet man bei den Stempelsiegeln aus Iran (siehe Seite 25) häufig.[11] Die zickzackförmige Schlange kann mit einem Blitz assoziiert werden.[12]

---

[4] Stevens 1989: Abb. A 5 7.
[5] Stucki 1984: Taf. XXVII: 871, 872a, 873, 876a, 876b.
[6] Stucki 1984: Taf. XXVII: 875.
[7] Stucki 1984: Taf. XXVII: 877.
[8] Stucki 1984: Taf. XXVII: 879.
[9] Dreiecke gelten gemeinhin auch als Symbol für Berge.
[10] Erlenmeyer 1970: Abb. 25.
[11] Der Ziegen "Dämon" vereint sowohl den Aspekt der Schlange, wie auch den der Ziege in seiner Gestalt (siehe Seite 23). Die Ziege oder Hirschkuh kennt man als das Symboltier der Göttin Ninhursag (Mundkur 1983: 122.), der Herrin des Gebirges. Auch Enki steht in Beziehung zur Ziege, denn sein Beiname ist "the pure bezoar of the apzu", was mit Ziegenfisch zu übersetzen ist. RLA 1938: Enki, 376 377.
[12] Aus ethnologischen Quellen weiß man, dass beim Wechsel von Trocken zu Regenzeit Schlangen in der Gestalt von Blitzen in den Gewitterwolken reisen (siehe Seite 80).

• **Schlangen mit Mensch und Capride**

Aus dem Iran sind auch bemalte Scherben bekannt, die eine menschliche Gestalt mit Schlangen und Capriden abbilden. Die Beispiele 19[13] und 20[14] sind Keramikbruchstücke der Susa-II-Ware. Abbildung 19 zeigt eine menschliche Figur, der diagonal drei parallel zueinander verlaufende Schlangenlinien unter die Achseln reichen. Die Figur in Beispiel 20 hat die Arme angelegt und wird von zwei vertikal aufgetragenen Schlangen flankiert, deren Köpfe jeweils nach oben weisen. Es handelt sich um die aus der Stempelglyptik bekannte ziegenköpfige Gestalt (siehe Seite 23).[15] Auf Abbildung 19 könnten Wasserstrahlen, anstelle von Schlangen gemeint sein.

2.1.2 Schlangenappliken

Mesopotamien

• **Schlange allein auf Keramikbruchstücken**

Wie schon im Fall der bemalten Scherben, kann man auch anhand der Appliken "Schlange allein" auf Keramikbruchstücken nichts über ihre eventuelle thematische Kombination erfahren. Diese Beispiele dienen deshalb in der Hauptsache als Indikator für das frühe Auftreten von Schlangenappliken in bestimmten Regionen.

Die ersten ihrer Art stammen aus Nordmesopotamien und zwar aus Tell Sotto (21[16] und 22[17]), Stratum VII und werden auf 7.000 v. Chr. datiert, was der sogenannten Protohassuna-Zeit entspricht. Es handelt sich um kleine gewellte Schlangen mit Punktmuster.

Im südlichen Mesopotamien sind Schlangenappliken erst ab der 2. Hälfte des 6. Jt. v. Chr. bekannt. Ein Großteil von ihnen stammt aus Uruk und ist wie Beispiel 23[18] sehr schlecht erhalten. Verziert sind sie entweder gar nicht oder sie weisen Punktmuster oder Senkrechtschraffur auf.

• **Schlange kriecht über den Gefäßrand**

Vermutungen über eine kultische Verwendung der Schlangengefäße werden durch die folgenden Funde bekräftigt, die von der Ur-III-Zeit bis zum Ende der Kassiten-Zeit datieren (24-26)[19]. Es handelt sich um Schlangenappliken, die mit dem Kopf über den Gefäßrand ins Innere der Gefäße zu kriechen scheinen. Diese Schlangen sind fast ausschließlich mit Punktmuster verziert. Manchmal sind die Gefäße zusätzlich mit schraffierten Dreiecken und Tannenreismuster dekoriert. Auch Skorpione treten in Kombination mit der Schlange auf. In Beispiel

---

[13] v. d. Osten Sacken 1992: Taf. XXXI, Abb. 71.
[14] v. d. Osten Sacken 1992: Taf. XXXI, Abb. 70.
[15] v. d. Osten Sacken 1992: 165.
[16] Stevens 1989: Abb. A 1.
[17] Stevens 1989: Abb. A 2.
[18] Stevens 1989: Abb. B 1.
[19] Ayoub 1981: 26 C. 28 I, J. 29 K, L.

26 sind der Skorpion mit dem Mond[20] und die Ähre mit der Sonne zusammen dargestellt. Derart verzierte Gefäße finden sich nicht nur im Ningizzida-Tempel (näheres zum Schlangengott Ningizzida siehe Seite 61) in Tello, sondern auch in den Schlangengotttempeln anderer Städte.[21]

- **Schlange und Muttergöttin**

    Das Beispiel 27[22], ebenfalls aus der ersten Hälfte des 2. Jt. v. Chr., zeigt vier gestreifte und vier gepunktete Schlangen horizontal auf einer Schüssel. Zwischen den Köpfen der gestreiften Schlangen ist eine weitere Applike angebracht, die von Ayoub vorsichtig als Tiermaske oder Griff bezeichnet wird.[23] Wahrscheinlicher ist meines Erachtens jedoch, dass es sich um ein weibliches Idol handelt, da man einen Kopfansatz, zwei Brüste und das Schamdreieck erkennen kann (für die Verbindung von Schlange und Muttergottheit siehe Anden Seite 80).

- **Schlange und Menschen**

    In Beispiel 24[24] werden zwei mit einem Stock bewaffnete Männer von je einer Schlange angegriffen(?). Möglicherweise ist hier das Fangen von Schlangen als Vorbereitung für eine Regenzeremonie dargestellt (siehe Amerika Seite 81). Es könnte sich aber auch um einen rituellen Tanz zum Heraufbeschwören der Regenzeit handeln.[25] Der Rand des Gefäßes zeigt wiederum Schlangen, die in das Gefäß hineinkriechen.

2.1.3 Deutung

Es ist anzunehmen, dass es sich bei den mit Schlangen verzierten Gefäßen nicht um alltägliche Gebrauchskeramik, sondern vielmehr um Kultgefäße handelt. Betrachtet man die Evolution der Schlangen, so waren die ersten Schlangen wurmähnliche Tiere, die im Schlamm lebten. Aus eben diesem Schlamm haben Menschen Gefäße gefertigt und mit Schlangen verziert.[26] Auch Wasser spielt eine große Rolle im Schlangenkult, so dass man an Libationen aus Kultgefäßen denken kann (siehe Seite 69). Ebenso ist eine Fütterung der in Gestalt von Schlangen wiederkehrenden Ahnen zu erwägen

---

[20] Išhara, die mit Inanna/Ištar gleichgesetzt wird, übernimmt ab der Kassiten Zeit den Skorpion als Symboltier, der damit die altbabylonische Hydra ablöst. Von ihrer Verbindung mit dem Mondgott weiß man aus kleinasiatischen Quellen, aus denen hervorgeht, dass beide ein Paar bilden, nämlich Herr und Frau Eid. Ihr Heiligtum befindet sich im Gebirge und es gibt auch Hinweise auf einen Brunnenkult und ein Herbstfest. RLA 1976 80: Išhara, 176 178.

[21] van Buren 1935: 79.

[22] Ayoub 1981: 27 F.

[23] Ayoub 1981: 26.

[24] Ayoub 1981: 26 A.

[25] Von Gilgameš, Enkidu und die Unterwelt weiß man, dass Enkidu den verlorenen Trommelstock aus der Unterwelt holen soll, dort aber von der "Erde" festgehalten wird. Hutter 1985: 146. In einer Zeremonie muss Enkidu demnach symbolisch befreit werden. Auf diese jährliche Befreiung stößt man auch bei einigen, mit Schlangen in Verbindung stehenden Vegetationsgottheiten (siehe Seite 63). Zurückzuführen ist dieser Kult auf die Eigenschaft lebender Schlangen, eine bestimmte Zeit des Jahres unter der Erde oder in Höhlen zu schlafen, bis sie dann im Frühjahr wieder zum Leben erwachen und an die Erdoberfläche zurückkriechen.

[26] Es sei auch an die geometrisch verzierte Keramik der Frühzeit erinnert, bei der man den Eindruck gewinnt, dass Schlange und Erde noch eine Einheit bilden, wenn die Schlangenhaut in Form geometrischer Muster um die Erde, d.h. die Tonschale gelegt ist.

(siehe Afrika Seite 83). Obwohl aus dem Untersuchungsgebiet meines Wissens keine Berichte über Schlangenbestattungen vorliegen, kann auch eine solche Nutzung von Keramikgefäßen nicht völlig ausgeschlossen werden. Auf Bahrain wurden mehrere Gefäße mit den Überresten verschiedener Schlangenarten entdeckt (28[27]), nämlich einer Wasserschlange und einer Wüstenschlange.[28] Dies entspricht möglicherweise der Grobunterteilung der dicken und dünnen Schlangen in der iranischen Stempelglyptik, die symbolisch für Regen- und Trockenzeit stehen (siehe Seite 24).

Zusammenfassend kann man sagen, dass sich schon an der ersten Materialgruppe abzeichnet, welch bedeutende Rolle der Schlange im Kult zukommt. So wurden für Nordmesopotamien und Iran bemalte, aus Nord- und Südmesopotamien applizierte Keramikscherben festgestellt. Hinweise darauf, dass die Schlangenverehrung auf ältere Traditionen zurückgeht als dies die ältesten Keramikscherben zeigen, liefert der Fundort Göbekli, an dem Schlangenpfeiler in Verbindung mit Tempelanlagen aus dem 9. Jt. v. Chr. gefunden wurden (siehe Seite 51). Eine Zuordnung zu bestimmten Schlangenarten ist aufgrund der Darstellungen höchstens in drei Fällen möglich, und zwar ist dies zum einen im mesopotamischen Raum die Kobra und zum anderen im iranischen Gebiet die Sandotter und die Hornviper.

2.2 Materialgruppe 2: Stempelsiegel und Tabloide

Als nächstes soll die Materialgruppe der Stempelsiegel und Tabloide betrachtet werden.

2.2.1 Seltene Darstellungstypen

- **Schlange allein**

    Vereinzelt kennt man Stempelsiegel, auf denen nur eine oder mehrere Schlangen auf der Siegelfläche dargestellt sind. Dabei lassen sich zwei verschiedene Darstellungsarten unterscheiden: Zum einen ist in Bild 29[29] eine mit Strichmuster verzierte Schlange in Spiralform abgebildet. Die andere Variante zeigt mehrere dünne Schlangen parallel zueinander angeordnet, wobei die Schlangen in Beispiel 30[30] eher wellenartige, die Schlangen der Beispiele 31[31] und 32[32] dagegen eher zackige Formen annehmen. Diese Zickzack- und Schlangenlinien symbolisieren nach Marshack Wasser, Blitz, Fluss oder Bewegung.[33]

- **Schlange verschlingt Mensch/Tier**

    Sehr selten ist die Darstellung eines Menschen oder Tieres der/das von einer Schlange verschlungen wird. Beispiel 33[34] aus der Uruk-Zeit zeigt, wie eine

---

[27] Bailon 1997: Fig. 635.
[28] Bailon 1997: 142 144.
[29] Erlenmeyer 1970: Abb. 11 a, b.
[30] Herzfeld 1932/33: 87, Abb. 14.
[31] Erlenmeyer 1970: Abb. 20.
[32] Rashad 1990: Taf. 44, Abb. 1131.
[33] Marshack 1986: 263.
[34] Rashad 1990: Taf. 11, Abb. 339.

dicke, mit Punktmuster verzierte Schlange einen ebenfalls mit Punktmuster verzierten Menschen verschlingt. Der Schlangenkörper ist auf der ganzen Siegelfläche verteilt und ineinander verwunden, wobei vom Menschen nur noch der Oberkörper aus dem Schlangenmaul herausragt.[35] Die Tatsache, dass die Person das gleiche Muster wie die Schlange aufweist, könnte auf eine rituelle Handlung hindeuten, in der der Mensch, möglicherweise ein Initiand, als Schlange verkleidet ist. Da diese Übereinstimmung der Haut auch bei der ziegenköpfigen Gestalt festzustellen ist, kann auch eine Gleichsetzung mit einer Gottheit nicht ausgeschlossen werden (siehe Seite 23).

- **Schlange und Koitusszene**

Aus Tepe Gaura sind zwei Siegelabdrücke bekannt, auf denen eine Schlange in Verbindung mit der Kopulation zweier Gestalten dargestellt ist.

Das urukzeitliche Siegel 34[36] zeigt zwei ziegenköpfige Gestalten, die sich auf einem Podest im Sitzen vereinigen.

Beispiel 35[37] aus der Ğemdet-Nasr-Zeit stellt die Vereinigung im Stehen dar.

Zu diesen Kopulationsszenen gibt es zahlreiche Märchen aus verschiedenen Ländern, in denen Jungfrauen den Schlangenbräutigam heiraten und mit ihm Kinder haben (siehe Seite 83). Eine ihrer ehelichen Pflichten ist dann die Wasserversorgung der Schlange.[38]

- **Raubvogel und Schlange**

Der Stempelsiegelabdruck aus Değirmen Tepe[39] (späte Obed-Zeit) zeigt einen Raubvogel und eine dicke Schlange (36)[40]. Auch ein Skorpion und Zweige sind mit dargestellt.[41]

Viel häufiger tritt dieses Thema auf Stempelsiegeln des 3. und 2. Jt. v. Chr. im Ostiran auf. Dies ist im Zusammenhang mit der Frühjahrstransformation der Schlange in einen Adler zu sehen, wie sie aus der chinesischen Drachenmythologie überliefert ist (siehe Seite 81). Als Regenbogen kehrt die Schlange wieder unter die Erde zurück.[42]

---

[35] Zu diesem Thema gibt es einige Parallelen aus anderen Kulturen in Verbindung mit Initiationsriten. Beispiel: An der Ostküste Australiens lebt eine Riesenschlange in tiefen Wasserlöchern. Die Priester werden von der Schlange in einer Phase des rituellen Todes, in der sich beide am Grund eines Wasserlochs befinden, unterrichtet. Anschließend wird der Priester wieder ausgespuckt. Radcliff Brown 1930: 342.

[36] Stevens 1989: Abb. C 19.

[37] Stevens 1989: Abb. D 9.

[38] Man könnte dies m. E. als symbolischen Akt der Vereinigung von Enki + Nintu auf ritueller Ebene betrachten, sozusagen als jährliche Wiederholung des Schöpfungsaktes von Wasser und Erde (siehe Seite 69).

[39] Dieses Siegel stammt zwar nicht aus dem anfangs beschriebenen Untersuchungsgebiet, doch scheint es thematisch relevant und als Gegenstück zu ostiranischen Siegeln wichtig.

[40] von Wickede 1990: Abb. 5.

[41] Dies kann man m. E. so deuten, dass einerseits Adler und Schlange An und Enki (siehe Seite 63) und Skorpion und Zweig Tod und Leben (Ištar/Inanna) symbolisieren, d.h. das Siegel wäre die symbolische Darstellung des zyklischen Ablaufs des Jahres, der durch Regen und Grundwasser aufrechterhalten wird.

[42] Der Schlange ist es demnach möglich, die Gegensätze "oben unten" in einen Zyklus zu verwandeln: Grundwasser, Wolken, Regen, Regenbogen, Grundwasser.

- **Schlangengott**

    Das einzige Beispiel eines Schlangengottes für diese Materialgruppe könnte das zweiseitige Tabloid 37[43] sein. Dies ist insofern ungewöhnlich, als Schlangengötter in dieser Form sonst nur von Rollsiegeldarstellungen der Akkad-Zeit bekannt sind. (siehe Seite 43)

2.2.2 Schlange und ziegenköpfige Gestalt im Iran

Bei all den bisher genannten Stempelsiegeldarstellungen handelt es sich um zahlenmäßig eher schlecht repräsentierte Themengruppen. Das Thema von ziegenköpfigen Wesen, die Schlangen halten,[44] kommt aber verhältnismäßig häufig vor.

Obed- bis Uruk-Zeit

Um nicht jedes einzelne Siegel oder Tabloid beschreiben zu müssen, werden die wichtigsten Merkmale der einzelnen Charaktere herausgearbeitet und mit Darstellungen belegt.

- **Merkmale der ziegenköpfigen Gestalt**

    Der Kopf des Wesens ist immer in Form einer Ziege mit Hörnern dargestellt, wie z. B. in Abbildung 38[45]. Ein Vergleich der Körpermusterung dieser Gestalt und der von ihm gehaltenen Schlangen zeigt, dass sie immer übereinstimmt. D.h. ist die Schlange gestreift, so ist auch die ziegenköpfige Gestalt gestreift (39[46]). Andere Mustervarianten sind Schuppen, wie in Abbildung 40[47], Wellenlinien wie in Abbildung 41[48] und ein Gitternetzmuster in Beispiel 42[49]. Nicht immer, doch zumindest manchmal, trägt die Gestalt "Schnabelschuhe" (40, 39 und 43)[50]. In zwei Fällen (41 und 38) kann man ein langes Gewand in Kombination mit einer Halskette nachweisen, in allen anderen Fällen ist die Gestalt nur in die Schlangenhaut gehüllt (40-56). Ein weiteres auffälliges Merkmal sind die meist dreifingrigen Hände (40, 42, 44[51], 45[52], 46[53], 47[54], 48[55] und 49[56]), die auf einen reptilienartigen Ursprung dieser Gestalt hindeuten.

---

[43] v. d. Osten Sacken 1992: Taf. XVIII, Abb. 37.
[44] v. d. Osten Sacken bezeichnet dieses Wesen als Ziegen "Dämon" und schreibt ihm göttliche Züge zu. v. d. Osten Sacken 1992: 167. In Mesopotamien findet man eine ähnliche Darstellungsweise, doch handelt es sich hier um eine menschliche Gestalt, die häufig als Schlangenbändiger angesprochen wird.
[45] Trokay 1991: 160, Abb. 1.
[46] v. d. Osten Sacken 1992: Taf. XXX, Abb. 68.
[47] Rashad 1990: Taf. 12, Abb. 347.
[48] v. d. Osten Sacken 1992: Taf. XXIII, Abb. 48.
[49] v. d. Osten Sacken 1992: Taf. XIX, Abb. 41.
[50] Rashad 1990: Taf. 10, Abb. 335.
[51] Rashad 1990: Taf. 45, Abb. 1154.
[52] v. d. Osten Sacken 1992: Taf. XXX, Abb. 69.
[53] v. d. Osten Sacken 1992: Taf. XXVIII.
[54] Rashad 1990: Taf. 45, Abb. 1143.
[55] v. d. Osten Sacken 1992: Taf. XXVII.
[56] v. d. Osten Sacken 1992: Taf. XVIII, Abb. 39.

- **Merkmale der Schlangen**

  Vergleicht man alle Darstellungen, so kann man zunächst dicke von dünnen Schlangen unterscheiden (41 und 50)[57], wie sie auch in den Begräbnissen auf Bahrain gefunden und als Wasser- und Wüstenschlangen klassifiziert wurden. Auch anhand der Kopfform ist eine Unterscheidung der Schlangenarten möglich. Da alle mit Ausnahme der Beispiele 41, 38 und 46 einen dreieckigen Kopf aufweisen, ist dies ein weiterer Hinweis auf die Bedeutung der Sandotter und ihren Bezug zum Bergland, ein Befund, der gut zu den Darstellungen auf Keramikgefäßen aus dieser Gegend passt. Die dicken, weniger häufigen Exemplare sind möglicherweise ein Indiz für eine Wasserschlange oder Python.

  Angeordnet sind die Schlangen in drei Varianten, entweder rechts und links der ziegenköpfigen Gestalt (z. B. 51)[58], um ihre Taille gewunden (52[59], 47, 53[60], 54[61], 48, 49) oder in Kreisform um die ganze Siegelfläche gelegt (47).

- **verwendete Symbole oder Füllsel**

  Nicht alle, aber einige Siegel enthalten zusätzlich verschiedene Symbole. Sehr häufig sind Winkelhaken (40, 42, 55[62], 44, 46) und Ziegen (45, 46, 56[63]), aber auch Zweige (57[64]), Sterne (46), Vögel (45) und Schlangen (38, 46) kommen vor. Ganz ohne Symbole sind dagegen die Abbildungen 55, 51 und 58[65].

---

[57] v. d. Osten Sacken 1992: Taf. XXIII, Abb. 47.
[58] v. d. Osten Sacken 1992: Taf. XVI.
[59] v. d. Osten Sacken 1992: Taf. XIX, Abb. 40.
[60] Rashad 1990: Taf. 46, Abb. 1155.
[61] v. d. Osten Sacken 1992: Taf. XXVI.
[62] Rashad 1990: Taf. 10, Abb. 331.
[63] v. d. Osten Sacken 1992: Taf. XXIX, Abb. 67.
[64] Rashad 1990: Taf. 44, Abb. 1140.
[65] Herzfeld 1933: Abb. 25.

2.2.3 Schlange und Capride

Obed- bis Uruk-Zeit

Aus der Obed- bis Uruk-Zeit gibt es aus Iran neben den Darstellungen von ziegenköpfigen Gestalten mit Schlangen auch eine Reihe von Stempelsiegeln, die in allen möglichen Variationen einen Capriden mit einer Schlange zeigen. Leider handelt es sich auch bei Siegeln zu diesem Thema oft um Stücke aus dem Kunsthandel, so dass eine genaue Zuweisung bezüglich Fundort und Datierung nicht möglich ist.

- **Capride**

    Die Darstellung der Capriden variiert von Tieren mit langen geschwungenen Hörnern (59^{66}, 60^{67}, 61^{68}, 62^{69}, 63^{70}, 64^{71}, 65^{72}, 66^{73}, 74) über Capriden mit langen gekerbten Hörnern, die der Musterung der Schlangenspirale ähneln (67^{74}), hin zu bloßen Ziegenkopfdarstellungen (68^{75}, 69^{76}).

- **Schlange**

    Alle Schlangendarstellungen in Verbindung mit Capriden (59-70^{77}) weisen einen dreieckigen Kopf auf, nur die Abbildungen 71^{78}, 72^{79}, 73^{80} sind zu schlecht erhalten, als dass man eine eindeutige Aussage treffen könnte. Es lassen sich aus der Kombination von Schlange und Ziege mehrere Varianten ablesen.

    - **Variante 1: Schlange in Halbkreis über Capriden**

        Abbildungen 59, 60, 61, 62 zeigen die Schlange, wie sie in einem Halbkreis die Rückenpartie des Capriden umspannt.

    - **Variante 2: Schlange hinter Capriden**

        In Abbildungen 63, 64 wird der Schlangenkopf von einem Stern verdrängt, so dass die Schlange senkrecht hinter dem Capriden dargestellt wird.

    - **Variante 3: Doppelköpfiger Schlangenkreis**

        In Variante 3 wird der Capride von der Schlange in Spiral- oder Kreisform eingerahmt. Die "Spiralschlange" besitzt jeweils zwei Köpfe (siehe doppelköpfige Schlange Seite 14) und einen gekerbten Körper (67, 66). Abbildung 66 ist die Rückseite der Abbildung 48 und weist ebenfalls ein

---

[66] Rashad 1990: Taf. 46, Abb. 1163.
[67] Rashad 1990: Taf. 45, Abb. 1146.
[68] Rashad 1990: Taf. 9, Abb. 328.
[69] Rashad 1990: Taf. 10, Abb. 330.
[70] Rashad 1990: Taf. 10, Abb. 329.
[71] Rashad 1990: Taf. 44, Abb. 1134.
[72] Rashad 1990: Taf. 44, Abb. 1132.
[73] Rashad 1990: Taf. 45, Abb. 1153.
[74] Rashad 1990: Taf. 46, Abb. 1162.
[75] v. d. Osten Sacken 1992: Taf. XXX, Abb. 68.
[76] Stevens 1989: Abb. D 2.
[77] Stevens 1989: Abb. D 6.
[78] Stevens 1989: Abb. D 7.
[79] von Wickede 1990: Abb. 324 a.
[80] Stevens 1989: Abb. D 5.

solches Kerbmuster auf. Abbildung 65 zeigt eine dünne Schlange in Kreisform, Abbildung 74[81] dagegen ein dickes Exemplar mit vielen parallelen Kerblinien.

- **Variante 4: Schlange in Verbindung mit mehreren Tieren**
  Etwas aus der Reihe fallen die Darstellungen 63-65 und 66-74, und zwar, weil in ihnen mehr als nur die Kombination eines Capriden mit einer Schlange dargestellt wird. Die Schlange scheint in diesen Beispielen nur eine untergeordnete Rolle zu spielen. Aus der ausgehenden Uruk-Zeit sind Darstellungen bekannt, die zwei Ziegen einander gegenüberstehend, mit überkreuzten Köpfen zeigen (75[82] und 72). Es kommt auch vor, dass ein Capride von einem anderen Tier angefallen wird (76[83] und 71). In einem anderen Beispiel stehen zwei Capriden einander gegenüber. Beispiel 73 zeigt eine Schlange zwischen zwei Hunden?/Löwen?.[84]

- **Symbole**
  Auch Füllsymbole fehlen diesem Darstellungstyp nicht. Ein Zweig ist auf Abbildungen 59, 61, 62 und 64 zu sehen. Beispiel 74 enthält derer gleich vier Stück. Winkelhaken kommen je zwei auf Beispiel 59 und 61 und je vier auf Beispiel 60 und 62 vor Abbildung 64 enthält einen. Ein Stern ist auf den Abbildungen 63 und 64 und gestreifte Dreiecke sind auf Beispiel 61 abgebildet.

2.2.4 Verschlungene Schlange

Zum Schluss dieses Kapitels soll der Darstellungstyp der verschlungenen Schlange besprochen werden, der in mehreren Beispielen schon auf Stempelsiegeln auftritt, seine Vielfältigkeit jedoch erst auf Rollsiegeldarstellungen erhält.

Obed-Zeit

Aus Tepe Gaura sind zwei obedzeitliche Stempelsiegelabdrücke (77[85] und 78[86]) bekannt, die jeweils zwei einfach verflochtene Schlangen in Kreisform zeigen. Beispiel 78 ist besonders interessant, da hier eine menschliche Gestalt von den verschlungenen Schlangen eingekreist wird. Soll hier symbolisch die Menschenschöpfung dargestellt sein (siehe Seite 71)?

Uruk-Zeit

Urukzeitlich ist das dritte Beispiel aus Iran (79[87]), das der Abbildung 77 in der Anordnung sehr ähnelt. Der Unterschied besteht zum einen in der Musterung der Schlangen, die gestreift oder gekerbt dargestellt sind, und zum anderen ist hier die dreieckige

---

[81] Rashad 1990: Taf. 45, Abb. 1152.
[82] Stevens 1989: Abb. D 8.
[83] Rashad 1990: Taf. 46, Abb. 1164.
[84] Später tritt die Verbindung Löwe und Schlangenbändiger öfter auf, so dass es sich auch hier wahrscheinlich um einen Löwen handelt (siehe Seite 30).
[85] Erlenmeyer 1970: Abb. 10.
[86] Stevens 1989: Abb. C 3.
[87] Rashad 1990: Taf. 9, Abb. 327.

Kopfform klar zu erkennen. Bei allen drei Beispielen bleibt jedoch die kreisförmige Anordnung der Schlangen. Das vierte verschlungene Schlangenpaar befindet sich auf der Rückseite von Siegel 58 und steht somit in Zusammenhang mit der ziegenköpfigen Gestalt (190 und 97[88]).

2.2.5 Deutung

Neben einigen seltenen Darstellungsformen von Schlangen mit Vögeln oder kopulierenden Menschen, sowie der Darstellung der Schlange als "Menschenfresser" oder als verschlungene Schlangen, überwiegen bei den Stempelsiegeln die Darstellungstypen der ziegenköpfigen Gestalt mit Schlangen und von Schlangen mit Capriden. Wie die einzelnen Beispiele gezeigt haben, stehen all diese verschiedenen Darstellungstypen untereinander in Verbindung und können als Einzelpartikel der Kosmologie angesehen werden. Da diese Art der Darstellungen fast ausschließlich in iranischem Gebiet in der Obed- bis Uruk-Zeit vorzufinden ist, liegt es nahe hier einen prähistorischen Ideenkomplex zu vermuten, bei dem die Tiere Schlange und Ziege eine zentrale Rolle bei der Schöpfung spielen.

Für die Darstellung des Ziegen-"Dämons" kann man sich m. E. sowohl eine kosmologische, wie auch eine rituelle Deutung vorstellen. Wie später der Schlangengott in Mesopotamien (siehe Seite 45), so weist auch der Ziegen-"Dämon" die zwei Elemente Ziege und Schlange auf. Abgesehen von unterschiedlichen Schwerpunkten in der Kosmologie zwischen Iran und Mesopotamien[89] bezüglich der Herkunft des lebenswichtigen Wassers (Regenwasser - Grundwasser) und der unterschiedlichen bildlichen Umsetzung der Göttervorstellung, scheint die Grundidee eines Schlangengottes in Kombination mit der Mutter Erde (symbolisiert durch Ziegenhörner und Ziegenabbildungen) beide zu verbinden. Die zweite Möglichkeit wäre, den Ziegen-"Dämon" als verkleideten Priester zu deuten, der im Zuge eines Festes, ähnlich dem Hopi-Ritual[90] mit Schlangen die Regenzeit herbeirufen will. Dazu passt auch der Regenzeremonie-Kultplatz in Kurangun (siehe Seite 53).

Die Darstellungen von Schlange und Ziege stehen im iranischen Gebiet m. E. symbolisch für die Elemente Wasser und Erde, die im Bergland den Wechsel von Regen- und Trockenzeit anzeigen. Die doppelköpfige Schlange gibt Hinweise auf zwei Arten von Wasser, nämlich Regen- und Schmelzwasser, die in Mesopotamien in Form von An und Enki zum Ausdruck kommt (siehe Seite 59). Der Ziegen-"Dämon" vereint in seiner Gestalt Schlangen- und Capridenzüge, so dass eine Zweigeschlechtlichkeit, wie sie später für Schlangengötter und die Muttergottheit festgestellt wird, bereits für ihn zutreffen mag (siehe Seite 59).

Die Koitusszenen sind m. E. der bildliche Vorläufer für die ab der Ur-III Zeit aus Schriftquellen in Mesopotamien bekannte, jährlich im Zuge des Neujahrsfestes gefeierte heilige Hochzeit. Es handelt sich dabei um die symbolische Darstellung eines Aspektes prähistorischer Fruchtbarkeitsriten, durch den die symbolische Erneuerung des Schöpfungsaktes durch Priester in Form des Gottes dargestellt wird.(siehe Schlangenbraut Seite 83). Der Schöpfungsakt wiederum steht als Sinnbild für das Leben schlechthin.[91]

---

[88] Herzfeld 1933: 101, Abb. 24.
[89] RLA 1980 83: Kosmogonie, 218 222.
[90] Warburg 1988: 42.

2.3 Materialgruppe 3: Rollsiegel

Bildkompositionen, wie sie auf Stempelsiegeln vorkommen, finden sich auf Rollsiegeln nur noch teilweise und auch dann in anderer Form. Dies hängt vor allem damit zusammen, dass das Rollsiegel ganz neue Möglichkeiten der Abbildung bietet. War das Stempelsiegel noch ein starres, in sich geschlossenes Bild mit wenigen prägnanten Symbolen, so bringt das Rollsiegel durch die Rollbewegung und die immer fortlaufende Wiederholung einer Szene m. E. den Lebenszyklus zum Ausdruck. Das explizite Symbol für den Zyklus, die kreisförmige Schlange, wird jetzt vom Rollsiegel übernommen, so dass die Siegelfläche selbst Raum bietet, Neues darzustellen. Diese Entwicklung verläuft parallel zur Schriftentwicklung und weist auf einen kulturellen Wandel hin. Ausgehend von einer prähistorischen Kulturstufe, deren Grundprinzip die Wiederholung, d.h. das starre Festhalten an Traditionen ist, die die bestehende Ordnung aufrecht erhalten und den Menschen als Richtschnur dienen, kommt Ende des 4. Jt. v. Chr. die Kulturstufe, bei der in zunehmendem Maße die Vergegenwärtigung im Vordergrund steht.[91] Bestätigt wird diese Vermutung durch die sowohl räumlich, als auch zeitlich verschiedenen Kulturhorizonten zuzuweisenden zwei Siegelgattungen. Gehörten die Stempelsiegel noch zum prähistorischen Ideenkomplex des iranischen Berglandes, so sind Rollsiegel eine Erfindung der Marschenbewohner des ausgehenden 4. Jt. v. Chr. in Mesopotamien. Wie die Entwicklung zeigt, haben sich die Umweltbedingungen im mesopotamischen Tiefland positiv auf die kulturelle Entwicklung der dort ansässigen Bevölkerung ausgewirkt.

Jan Assmann beschreibt diese Entwicklung so:

> *Im Zusammenhang mit dem Schriftlichwerden von Überlieferungen vollzieht sich ein allmählicher Übergang von der Dominanz der Wiederholung zur Dominanz der Vergegenwärtigung, von "ritueller" zu "textueller Kohärenz". Damit ist eine neue konnektive Struktur entstanden. Ihre Bindekräfte heißen nicht Nachahmung und Bewahrung, sondern Auslegung und Erinnerung. An die Stelle der Liturgie tritt die Hermeneutik.*[93]

Ein weiteres Indiz auf eine veränderte Selbstwahrnehmung ist m. E. die Entwicklung von anthropomorphen Göttern im Gegensatz zu Tiergöttern. Diese Verschiebung, bei der Götter nicht mehr als Tiere, sondern als Menschen angesehen werden, steht in unmittelbarem Zusammenhang mit dem politosozialen Wandel im Übergang vom 4. zum 3. Jt. v. Chr. und gipfelt im Akkad-Reich als der Anthropomorphisierungsprozess abgeschlossen ist. Es wird sich zeigen, ob man diese Verwandlung eines Tiergottes zu einem Menschengott bei der Schlange auf Rollsiegeldarstellungen nachvollziehen kann.

---

[91] Auch wenn beim Neujahrsfest, bedingt durch gesellschaftspolitische Veränderungen, die Legitimation der Macht des Königs in den Vordergrund gerückt wird, so sind doch m. E. eindeutig Hinweise auf den Fruchtbarkeitsaspekt und zeitlich noch weiter zurückliegend den Schöpfungsaspekt in dieser Zeremonie enthalten. Der König stellt sich gleichsam in die Abstammungsreihe des Schöpferwesens und verkörpert letztendlich dieses (siehe Seite 83). Die, für jede Religion typische, starke Traditionsbildung durchzieht die gesamte altorientalische Geschichte und ist unabdingbar für den Erhalt der bestehenden Ordnung, so dass man, unter Berücksichtigung von Außeneinflüssen, durchaus prähistorische mit schriftlichen Quellen in Bezug setzen kann.

[92] Assmann 1999: 18.

[93] Assmann 1999: 18.

Rollsiegeldarstellungen als Vorläufer der Textquellen?

Man muss meines Erachtens davon ausgehen, dass Rollsiegeldarstellungen neben der für Wirtschaftstexte genutzten Keilschrift als eine Art Bilderschrift entwickelt wurden, um mythologische und rituelle Inhalte zu vermitteln.[94] Rollsiegel sind demzufolge, wie später die sumerischen oder akkadischen, keilschriftlich festgehaltenen Mythen, ein erster Schritt, um die oral tradierten Mythen zu fixieren. Notwendig scheint diese Art der Wissenstradierung durch die zunehmende Hierarchisierung der Gesellschaft und die zunehmende Reichsgröße geworden zu sein.[95] So musste eine Methode gefunden werden, um auch in großen Gemeinschaften und Reichen einen Wissenstransfer zu gewährleisten, der einem zentral gesteuerten Standard entspricht.[96] Als diese Aufgabe von den Rollsiegeln nicht mehr zu bewältigen war, weil die Fülle verschiedener Mythen in ihnen nicht ausreichend zum Ausdruck gebracht werden konnte, ging man m. E. dazu über die Keilschrift, bislang nur für Wirtschaftstexte genutzt, auch für die Niederschrift religiöser Themen zu verwenden. Die Schwierigkeit bei der Parallelisierung beider Fundgruppen liegt darin, einen gemeinsamen Nenner zu finden. Da beide nur verschiedene Methoden darstellen, das aus der oralen Tradition stammende Wissen über weite Strecken zu vermitteln, muss es möglich sein, Schnittstellen zu finden.

All dies nützt jedoch nichts, wenn man nicht den Sinn der einzelnen Bildsymbole versteht. Sowohl Siegel, als auch Keilschrifttexte wurden nur von speziell ausgebildeten Priestern angefertigt, die m. E. ihr Wissen über die Welt anfangs durch Initiationsriten, später dann zusätzlich über Texte erlangten. Je nach Initiationsgrad wurden sowohl Bilder, als auch Texte in verschiedenen Sinnebenen gedeutet.[97]

Noch ein kurzer Hinweis zur oralen Tradition: Man darf auf keinen Fall annehmen, dass mit dem Aufkommen der Schrift die mündliche Überlieferung endet, sondern diese besteht nach wie vor, eingebettet in rituelle Feste, weiter und ist besonders in den illiteraten Gesellschaftsschichten einziges Medium, einen Leitfaden für ein geordnetes Leben zu vermitteln. So kann man sich neben den großen Staatsfesten vorstellen, dass vor allem kleine Kulte weiterhin von großer Bedeutung bleiben. Die schriftlich festgehaltenen Mythen und Epen sind m. E. Machtinstrumente der herrschenden Klasse,

---

[94] Stempelsiegel enthalten auch symbolische Bilder, doch wurden hier eher grundlegende Konzepte wie die Schöpfung oder das dualistische Weltbild festgehalten. Die Rollsiegelschneider hingegen entwickelten darüberhinaus durch die Kombination signifikanter Bilder eine Schrift. Wenn man über die einzelnen Epochen die Veränderung einzelner Themen beobachtet, so kann man meiner Meinung nach daraus ablesen, was sich wann in der Vorstellung der Menschen geändert hat. Man kann vielleicht soweit gehen, die Bilder als Spiegelbild der sich wandelnden Gesellschaftsstruktur zu betrachten. D.h. je komplexer der Staatsapparat mit seinen hohen Würdenträgern und Priestern im Verlauf des 3. Jt. v. Chr. wurde, desto mehr Götter in Menschengestalt wurden geschaffen, die den differenzierten Aufgaben gewachsen waren. All diese Aufgaben waren, wie z.B. Texte "Enki und die Weltordnung" darlegen, ursprünglich in einem Hauptgott und einer Hauptgöttin vereint.

[95] Dass die Glaubensvorstellung auf eine große Reichsgemeinschaft ausgerichtet war, scheint auch der von G. Selz als Amphiktyonie bezeichnete Zusammenschluss der über das ganze Land verteilten Kultorte zu beweisen. Jedes dieser Zentren hat eine andere Funktion und einen anderen Hauptgott, die zusammengenommen das funktionsfähige Ganze bilden. Selz 1992: 191.

[96] So ist zu erklären, dass z. B. in der Zeit der assyrischen Handelskolonien bis nach Anatolien Rollsiegel verbreitet waren. Als das assyrische Imperium zusammenbrach, verschwanden auch die Rollsiegel und machten den in Anatolien üblichen Stempelsiegeln wieder Platz.

[97] Auf unterster Ebene kann man m. E. Tabu Regelungen herauslesen, diesen schließen sich in einer nächsthöheren Stufe Riten an und nur die ältesten Initianden werden die Ebene der Schöpfung erreicht haben.

wohingegen das Volk die alten Ideen mündlich weitertradiert und bewahrt.

2.3.1 Seltene Darstellungstypen

Schlange in Kombination mit Capriden und/oder Vogel

Wie in den Stempelsiegelvorläufern Nummer 75 und 72 stehen sich in der urukzeitlichen Abrollung 80[98] zwei Capriden gegenüber. Zwischen ihnen liegen zwei verschlungene Schlangen mit erhobenen Köpfen, über denen eine Rosette angebracht ist. Neu zu diesem Darstellungstyp tritt ein kleiner Adler hinzu, der als Bindeglied über den Hinterteilen der Capriden schwebt.

Die frühdynastische Abrollung 81[99] stammt aus Tell Agrab. In der unteren Hälfte des Siegels wird ein Capride von einem anderen Tier (Löwe?) angefallen. Über dem Capriden schwebt der Adler, diesmal in Relation erheblich größer dargestellt.

Eine weitere Abrollung (82[100]) aus der Frühdynastischen Zeit zeigt einen Adler,[101] der mit seinen Klauen jeweils eine Schlange mit Drachenkopf gepackt hält. Der Körper der Schlange ist spiralförmig aufgerollt wie in Beispiel 43, nur dass in diesem Fall anstelle des Ziegen-"Dämons" ein Adler die beiden Schlangen hält. Rechts davon ist eine Götterkampfszene dargestellt, in der ein nackter Held mit einem Hirsch ringt.[102]

Diese Beispiele symbolisieren m. E. den Jahreszyklus. Es stehen sich die Elemente Wasser und Erde gegenüber. Da das Wasser einmal als Grundwasser und einmal als Regenwasser gemeint ist, wird es von Schlange und Adler vertreten. Der Capride stellt die fruchtbare Erde dar (nähere Ausführungen dazu im Kapitel 3.1.2).

2.3.2 Schlange und menschliche Gestalt in Mesopotamien

In Mesopotamien setzt sich die Tradition des Ziegen-"Dämons" in den Rollsiegeldarstellungen fort, doch wird dieser jetzt entweder als sechslockiger Held[103] oder als Mensch (Priester) dargestellt.

Obed- bis Uruk-Zeit

- **Darstellungen**

  Die einzige bekannte Darstellung des iranischen Ziegen-"Dämons" auf einem Rollsiegel stammt aus Abu Salabih (83[104]). Er steht hier in Verbindung mit einer weiteren Szene, in der ein Capride von einem wilden Tier angefallen wird.

  Menschengestaltige "Bändiger" kennt man aus Uruk selbst zwei (84[105] und 85[106]). In Darstellung 84 steht eine nackte menschliche Gestalt mit je einer

---

[98] Stevens 1989: Abb. C 8.
[99] Frankfort 1955: Taf. 84, Abb. 882.
[100] Collon 1987: Abb. 852.
[101] Anzu, der sich im Lugalbanda Epos selbst als "der Fürst, der den schnell fließenden Flüssen das Schicksal entscheidet" bezeichnet. Römer/Edzard 1993: 516.
[102] Collon 1987: 32.
[103] laḫmu, der Flussgeist Enkis. Wiggermann 1992 b: 164 166.
[104] v. d. Osten Sacken 1992: Taf. XXXIX, Abb. 82.
[105] Stevens 1989: Abb. C 20.
[106] Stevens 1989: Abb. C 21.

Schlange in der Hand auf einem liegenden Löwen vor einem Gebäude. In Beispiel 85 liegt eine Schlange auf dem Dach des Gebäudes und wird von einem nackten Mann am Kopf berührt. Zwei weitere nackte Männer bringen Schlangen zum Gebäude. Über ihren Köpfen und zwischen ihnen sind ein Skorpion, ein Vogel und ein Fisch und eine verschlungene Schlange angebracht. Eine vierte kleine Person scheint einen Stock in der Hand zu halten.

- **Deutung**

Die zwei Siegel aus Uruk lassen auf einen Schlangenkult schließen, der bei der Keramikbeschreibung schon einmal erwähnt wurde (siehe Seite 20). Der Fundumstand im An Tempel macht es wahrscheinlich, dass die abgebildeten Gebäude ebenfalls den An Tempel repräsentieren sollen. Die Verbindung zum Schlangengott ist auch in der Göttergenealogie zu sehen, in der An als Vater einiger Schlangengötter genannt wird (siehe Seite 62).

Die Symboltiere (85) deuten alle auf eine Regenzeremonie hin, da sie in Verbindung zu Wasser stehen. Es sind eine Reihe von Kultanlagen ausgegraben, deren Architektur eine Beziehung zu einem Wasserkult/Schlangenkult vermuten lässt. Allen voran die Tempelfunde aus Dilmun und Eridu (204[107]), denen die meisten anderen Tempelanlagen, wie auch der Urukkomplex (205[108]) nachempfunden sind.[109] Der Löwe steht symbolisch für Inanna/Ištar, der eine treibende Kraft im Wechsel der Jahreszeiten zuzuschreiben ist (siehe Dumuzi's Traum Seite 76).

Frühdynastische Zeit

- **Darstellungen**

In der Frühdynastischen Zeit tritt der sechslockige Held (*laḫmu*) auf Rollsiegeln auf (86[110], 87[111], 88[112] und 89[113]). Er wird nackt, mit sechs Locken und je einer Schlange in der Hand dargestellt und füllt die ganze Siegelfläche in Abrollrichtung aus. Einmal ist zusätzlich eine Schildkröte[114] angebracht (86). Beispiel 88 ist besonders gut ausgearbeitet und zeigt die Schlange mit Zickzackmusterung und Drachenkopf. Auf Abbildung 89 hält der *laḫmu* zwei Ringstäbe anstelle von Schlangen in der Hand (113).[115]

Neben den als *laḫmu* identifizierten Schlangenbändigern sind zwei stark erodierte Beispiele mit Bändigern (90[116] und 91[117]) bekannt.

---

[107] Golzio 1983: Abb. 1.
[108] Roaf 1990: 63.
[109] Golzio 1983: 27 30.
[110] Erlenmeyer 1970: Abb. 2.
[111] Frankfort 1955: Abb. 535.
[112] Erlenmeyer 1970: Abb. 3.
[113] Erlenmeyer 1970: Abb. 1.
[114] Die Schildkröte ist neben dem Ziegenfisch das Symboltier Enki's. Es heißt, sie habe die entwendeten Schicksalstafeln zurückgebracht. Black/Green 1992: 179.
[115] Ein weiteres Siegel bringt den Ringstab haltenden *laḫmu* in Verbindung mit einem Gott, dem fünf Schlangen aus den Füßen wachsen. Dieser Gott wird als Tišpak angesprochen, der gerade einer Person einen Pflug überreicht (Abbildung 113). Wiggermann 1997: 38.
[116] Erlenmeyer 1070: Abb. 4.
[117] Frankfort 1955: Abb. 497.

Auf Rollsiegel 90 wird der nackte Held mit einer weiteren Person, die auch zwei Tiere zu halten scheint, kombiniert. Ein Adler befindet sich zwischen beiden Szenen.

Die dreiteilige Abrollung 91 aus Tell Asmar zeigt im unteren Fries noch bruchstückhaft eine Gestalt mit Schlangen vor einer fünfköpfigen Hydra.[118] Hinter der Hydra befindet sich erstmals ein *mušḫuššu*,[119] der in der folgenden Zeit als ständiger Begleiter der Schlangengötter, beginnend von Ninazu bis hin zu Marduk, zu sehen ist. Auch Skorpione sind zahlreich in Kombination mit Schlangen auf diesem Siegel vertreten.

- **Deutung**

Die Art der Darstellung der *laḫmu*-Siegel lässt eine mesopotamische Weiterentwicklung der Stempelsiegeldarstellungen des Ziegen-"Dämons" vermuten. In Mesopotamien heißt der Schlangenziegengott Enki "the pure bezoar of the apzu" (=Ziegenfisch) (siehe Seite 63). Sowohl der Ziegen-"Dämon" als auch Enki zeichnen sich zum einen durch ihre Funktion als Wasserschlangengott aus, als auch durch ihre Verbindung zur Erdgöttin (Ziege). In Gestalt des *laḫmu* wird der iranische Gott in Mesopotamien als Diener oder Flussgeist[120] Enkis eingeführt und somit diesem untergeordnet (nähere Ausführungen dazu siehe Seite 67). Diese Unterordnung lässt sich auch umgekehrt nachvollziehen (siehe Seite 46).

2.3.3 Verschlungene Schlange

Auch verschlungene Schlangen, auf Stempelsiegeln schon seit der Obed-Zeit bekannt, werden auf Rollsiegeln in verschiedenen Varianten weiter dargestellt.

Verschlungene Schlange in Kombination mit Tieren

- **Obed- bis Uruk-Zeit**

Das Siegel 92[121] stammt aus Uruk, Stratum A der Anu Zikkurat und zeigt zwei ineinander verwundene Schlangen deren Köpfe voneinander wegweisen. In diesem Zwischenraum steht ein Gefäß. Daneben scheinen noch andere Tiere dargestellt zu sein, die nicht zu identifizieren sind. Alles zusammen spricht für einen Wasserkult zu Ehren Ans in Uruk.

Die Bildkomposition von Abbildung 93[122] aus der Brandlage des Tempels C umfasst neben acht Schlangen zwei Löwen, zwei Ziegen, zwei Pferde, zwei Rinder und vier "Dämonen". Jeweils zwei ineinander verschlungene Schlangen bilden die Standfläche für jeweils zwei der genannten Tiere. Die Dämonen sind so platziert, dass die Köpfe aller Beteiligten zu ihnen hinweisen.[123]

---

[118] Aus Texten geht hervor, dass eine siebenköpfige Schlange den sieben Totengeistern entspricht, die als Kinder Anus und der Mutter Erde bezeichnet werden. Diese verschmelzen dann zu der sogenannten Siebengottheit *sibitti*. RLA 1938: Dämonen 107.
[119] Löwendrache, dessen Löwenteile im Laufe der Zeit durch Schlangenteile ersetzt werden. Wiggermann 1992 b: 168 169.
[120] Wiggermann 1992 b: 165.
[121] Stevens 1989: Abb. B 11.
[122] Stevens 1989: Abb. C 7.

Im Eanna Heiligtum sind eine Reihe von Rollsiegeln gefunden worden (94^{124}), die ein in Uruk häufig auftretendes Motiv, nämlich die Kombination von verschlungener Schlange mit Vögeln zeigen.[125]

Schlange und Stierkopf in Beispiel 95^{126} ist ein umstrittenes Thema, da man nicht genau weiß, ob man nicht auch dieses wie die anderen Schlange-Vogel-Siegel rekonstruieren soll, oder ob tatsächlich ein Stierkopf gemeint ist.[127]

Rautenförmig verschlungene Schlange in Kombination mit Tieren und Menschen

Ende der Frühdynastischen Zeit und zu Beginn der Akkad-Zeit findet sich, in Anlehnung an die Urukdarstellungen, eine neue Weise die verschlungene Schlange abzubilden, nämlich wie ein Strickmuster. Sie nimmt fast die ganze Siegelfläche ein und ist entweder ganz allein oder mit anderen Tieren oder Menschen/Göttern kombiniert.

- Skorpion

   Das leicht beschädigte frühdynastische Rollsiegel aus Chafadji (96^{128}) zeigt die verschlungene Schlange in Kombination mit einem Skorpion, dessen Schwanzspitze sie im Maul hält.[129]

- Schildkröte

   Auch die Kombination der verflochtenen Schlange mit Schildkröten[130] ist bekannt (97^{131}).

- Stier

   Auf einem Lapislazulisiegel aus dem Königsfriedhof von Ur (98^{132}) ist das Schlangengeflecht mit einem Stier oder Bison links daneben dargestellt. Diese Kombination könnte m. E. den Kampf des Wettergottes (Adad mit Symboltier Stier[133] und auch Löwenadler[134]) mit dem Schlangengott symbolisieren.[135]

---

[123] Könnte es sein, dass es sich bei dem Dämon um eine Kröte handelt und somit Erdgöttin und Wasserschlange als Schöpferwesen, der auf den Schlangen stehenden Tiere gedacht sind? (Ninhursag und Enki)

[124] Stevens 1989: Abb. C 12.

[125] Inanna gilt als Katalysator für den Jahreszyklus, bei dem die Schlange sich in einen Vogel verwandelt und umgekehrt. Dies kann auch auf Inannas Versuch den von ihr gepflanzten Baum auszureissen projeziert werden, da die Schlange die Wurzeln und die Vögel die Baumkrone bilden (siehe Seite 62).

[126] Stevens 1989: Abb. C 18.

[127] Böhmer 1981: 7 8.

[128] Frankfort 1955: Abb. 244.

[129] Der Kreislauf von Regen und Trockenzeit symbolisiert von Skorpion und Schlange (siehe Seite 63).

[130] Eas Symboltier. Black/Green 1992: 179.

[131] van Buren 1935: Abb. 6.

[132] van Buren 1935: Abb. 10.

[133] Auf Drängen Ištars wird der Himmelsstier von Anu erschaffen, um gegen Gilgameš zu kämpfen. RLA 1938: Dämonen, 107 114.

[134] Lambert 1981: 88.

[135] Anzu Epos:"Adad den Kanalinspektor riefen sie, den Sohn des Anu, einen Plan hat er aufgestellt, er spricht zu ihm: Starker Adad, wilder Adad, möge Dein Angriff nicht abgewendet werden; zer blitze den Anzu mit deiner Waffe,... " Römer/Edzard 1993: 749. Anzu ist m. E. die transformierte Schlange während der Regenzeit.

Gewinnt der Schlangengott, so setzen die Frühjahrsregenfälle ein (siehe Seite 81).

- **Götterkampf**

    Beispiel 99[136] aus Tell Asmar zeigt das Schlangengeflecht in Kombination mit einem anthropomorphen Götterkampf. Der Kopf der Schlange ist auf den Rücken des stehenden Kämpfers gerichtet, der seinen knienden Gegner in Schach hält. Es handelt sich hier m. E. um die anthropomorphe Variante des Kampfes Schlange - Stier in Gestalt des Schlangen- und Wettergottes.

- **Boot**

    In Beispiel 100[137] ist das Schlangengeflecht mit einer Bootsszene kombiniert. Das Boot selbst ist aus einem menschlichen Oberkörper und einem Skorpionschwanz geformt, in dem eine Gottheit mit Stab sitzt. Die Bootsgestalt hält sich an dem Schlangengeflecht fest. Ungewöhnlich ist in diesem Fall der Skorpionschwanz, da in einer Reihe von Bootgottsiegeln der Rumpf des Schiffes aus einem Schlangenleib geformt ist.[138]

Verschlungene Schlange mit Trink- und Einführungsszenen

Dass die verschlungene Schlange Ende der Frühdynastischen Anfang der Akkad-Zeit in Zusammenhang mit rituellen Festen steht, zeigen folgende Darstellungen:

- **Trinkszene**

    In Beispiel 101[139] sind im oberen Register verschlungene Schlange und Skorpion und im unteren Register eine "Trinkszene" dargestellt.

    Siegel 102[140] zeigt wieder die aus der Uruk-Zeit bekannte verschlungene Schlange ohne Tier. Im oberen Register sitzen sich zwei Gestalten gegenüber, die mit Stöcken in einem Krug rühren. Eine Ähre zwischen ihren Rücken gibt, neben dem Wasser, einen weiteren Hinweis auf den Fruchtbarkeitsaspekt dieser Szene.

    Beispiel 103[141] aus Tell Asmar zeigt eine einregistrige Trinkszene, in der sich zwei schematisch dargestellte Figuren gegenübersitzen und diesmal mit Strohhalmen aus einem Krug trinken. Über den Strohhalmen ist eine nach oben geöffnete Mondsichel angebracht. Das ebenfalls stilisierte Schlangengeflecht ist senkrecht, als Trennlinie für die Szene hinter den Sitzenden eingeschnitten.

    Diese Wasseropfer wurden m. E. im Zuge von Regenzeremonien durchgeführt.

---

[136] Frankfort 1955: Abb. 590.
[137] van Buren 1935: Abb. 8.
[138] Dies ist m. E. ein Hinweis auf die Zweigeschlechtlichkeit von Enki und Inanna/Ištar, diesmal in Form des Bootgottes mit Skorpionschwanz (siehe Seite 59).
[139] Boehmer 1965: Abb. 664.
[140] Boehmer 1965: Abb. 679.
[141] Boehmer 1965: Abb. 681.

- **Einführungsszene oder Opferszene**

  Beispiel 104[142] zeigt im oberen Register eine Einführungsszene, wohingegen im unteren Register die rautenförmig verschlungene Schlange dargestellt ist. Was rechts neben der Schlange war, ist nicht mehr zu erkennen, doch hält sie wahrscheinlich auch hier ein Tier im Maul.

  Das komplexeste Siegel dieser Art ist Beispiel 105[143]. Ein Adorant wird von einer niederen Gottheit zu einer sitzenden Gottheit eingeführt, der zwei Schlangen aus dem Falbelgewand wachsen und die anhand der Beischrift als Tišpak identifiziert werden konnte.[144] Als Opfer bringt der Adorant eine Ziege dar. Hinter der sitzenden Gottheit befindet sich eine weitere Gottheit, die eine Art Szepter/Keule hält.[145] Als Abschluss der Szene dient wiederum ein Schlangengeflecht, doch nimmt dies nur etwa Zweifünftel der Siegelhöhe ein, der Rest ist mit zwei Kolumnen aus Keilschriftzeichen gefüllt.

  Das Ziegenopfer stellt die symbolische Vereinigung der Elemente Erde (Ziege=Erdmutter) und Wasser (Schlangengott) dar (zum Thema der Zweigeschlechtlichkeit der Götter Inanna und Enki siehe Seite 58).

  In Abbildung 106[146] aus Tell Asmar, führt eine niedere Gottheit zwei Adoranten zu einer vor einem Feueraltar sitzenden Gottheit ein. Hinter der sitzenden Gottheit befinden sich zwei vertikal ineinander verschlungene Schlangen. Eine weitere Schlange umfasst Kopf und Rückenpartie des Wasserträgers.

  In welcher Beziehung der Schlangengott zu Feuer steht, weiß man aus ethnologischen Quellen. Die Schlange fährt im Zuge der Frühjahrsgewitter in Form von Blitzen zur Erde nieder und entfacht Feuer.[147] Der Feuergott Nusku steht in der Göttergenealogie auch in der Reihe der Schlangengötter.[148]

Verschlungene Schlange in Szenen

- **Frühdynastische Zeit**

  Aus Kiš ist eine Muschelabrollung (107[149]) bekannt, auf der eine Hirschkuh vor einem Schlangengeflecht steht. Über dem Schlangengeflecht sind ein Stern, ein Mond und ein Punkt angebracht.[150] Rechts davon versucht eine menschliche Gestalt einen Löwen mit Pfeil und Bogen zu erledigen, der gerade die Hirschkuh von hinten anfällt.[151]

---

[142] Boehmer 1965: Abb. 639.
[143] Frankfort 1955: Abb. 593.
[144] Wiggermann 1997: 38.
[145] Typische Darstellung des Viziers der Schlangengötter. Braun Holzinger 1992: 37.
[146] Frankfort 1955: Abb. 592.
[147] Mountford 1978: 66.
[148] van Buren 1935: 62.
[149] van Buren 1935: Abb. 4.
[150] Möglicherweise geben die Himmelskörper Aufschluss über den Tag an dem das Ritualfest durchgeführt werden muss.
[151] Der Löwe gilt als Symboltier der Inanna/Ištar, genauso wie die Hirschkuh Inanna zugeordnet werden kann. RLA 1998: Muttergöttin, 514. Dieser Angreifer und Opferaspekt in Einem weist m. E. auf die mehrschichtige Rolle Inannas hin. Der Löwe symbolisiert ihren kämpferischen Aspekt und leitet somit den Wechsel der Jahreszeiten ein, um aber die bestehende Ordnung nicht ins Ungleichgewicht

Das Lapislazuli-Siegel 108[152] stellt einen Gott dar, der vor seinem Tempel sitzt und mit einem Strohhalm aus einem Gefäß trinkt. Vor ihm sticht deutlich zu erkennen *laḫmu* den Löwen nieder, der wieder ein Tier angreift. Im Hintergrund sind Mondsichel und Pleijaden, und verschlungene Schlange angebracht.

- **Akkad-Zeit**

    Abbildung 109[153] zeigt eine Kombination aus den bereits gesehenen Gegnern der Schlangengötter. So besiegt der *laḫmu* einmal einen Stier (Symbol für Wettergott) und zum anderen einen Löwen (Symbol für Inanna). Das heißt, um den zyklischen Ablauf des Jahres zu gewährleisten, müssen zwei Kämpfe ausgefochten werde nämlich einmal am Übergang von Regen- zu Trockenzeit und das andere Mal von Trocken- zu Regenzeit. Nachdem *laḫmu* die Aufgabe der Wasserregulierung zugesprochen wurde, ist verständlich, warum er gegen Stier und Löwe kämpft (siehe Seite 90). Die Keilschriftzeichen und das Wurzelzeichen können als Tempel des Ningizzida gelesen werden (siehe Seite 62).

Deutung

In den frühesten Rollsiegeln kommt sehr stark der Symbolcharakter der Schlange und der mit ihr abgebildeten Tiere, wie Skorpion und Schildkröte, zum Ausdruck. Die Schlange steht als Bindeglied[154] zwischen Leben und Tod, Trocken- und Regenzeit und kontrolliert und garantiert den sich immer wiederholenden Kreislauf (siehe Seite 63). Dies beweisen ab dem 3. Jt. v. Chr. Götterkampfszenen, aus denen hervorgeht, dass um die Kontinuität zu bewahren zweimal jährlich ein Kampf stattfindet, in dem *laḫmu* einmal den Stier und einmal den Löwen besiegt.[155] Auch Trink- und Einführungsszenen mit Ziegenopfer bestätigen dies, die m. E. als Wasseropfer und Erntedankfest aufzufassen sind.

2.3.4 Einfache Schlange in Szenen

Schlange und Einführungsszene

- **Akkad-Zeit**

    Die verschlungene Schlange in Kombination mit Einführungsszenen kann auch durch einfache Schlangen ersetzt werden.

    – **Einführungsszenen mit Ziegenopfer**

        Das Siegel 110[156] aus Tell Asmar bildet einen sitzenden Gott[157] ab, der

---

abdriften zu lassen, muss die Schlangengottseite (Enki/*laḫmu*) versuchen, das Leben, symbolisiert von der Hirschkuh, aus den Fängen des Löwen zu retten. Dazu passt, dass Inanna die ME besitzt, die Tafeln, auf denen die Regeln und die Ordnung des Kosmos beschrieben sind. Glassner 1992: 56.

[152] van Buren 1935: Abb. 5.
[153] Boehmer 1965: Abb. 218.
[154] Sie lebt einen Teil des Jahres unter der Erde und kommt im Frühjahr wieder zum Vorschein. Sie kennt demnach sowohl Leben wie Tod. Diese Naturbeobachtung hat m. E. Eingang in die Mythologie gefunden.
[155] Nunn 1997: 237ff.
[156] Frankfort 1955: Abb. 577.
[157] Möglicherweise Ningizzida oder sein Vater Ninazu.

von zwei Schlangen eingerahmt wird. Ein Skorpion schwebt über seiner ausgestreckten Hand. Die einführende Gottheit hält in einer Hand einen Stab, was sie als Ibaum,[158] den Vizier des Schlangengottes, kennzeichnet und führt an der anderen Hand einen Opferbringer mit einer Ziege auf dem Arm. Hinter dieser Person folgt ein Wasserträger.

Es können bei dieser Darstellungsart sowohl die verwendeten Symbole, als auch die Anzahl der Personen vor der Gottheit variieren, doch es befindet sich immer eine Schlange bei der sitzenden Gottheit und es wird immer eine Ziege geopfert, was auf das bereits angesprochene Erntedankfest hinweist.

In Beispiel 111[159] bleiben zwar Vizier, Ziegenopferbringer und Wasserträger unverändert, doch führt hier die Gottheit die Reihe der Personen an. Ziel des Zuges ist eine weitere Gottheit mit Stab, die auf einem Schlangendrachen postiert ist. Dahinter sind Ringstab und Schlange angebracht. Es hat den Anschein, als würde einer der Schlangengötter (Ninazu, Tišpak oder Ningizzida)[160] den Stab an die vor ihm stehende Gottheit übergeben, vielleicht damit diese als sein Vizier somit die Tätigkeit der Einführung von Opferbringern antreten kann?

– **Vegetationsgottheit**

In Beispiel 112[161] sitzt eine Vegetationsgottheit mit Zweigen in der Hand auf einem Thron aus Ähren. Diese Zweige überreicht er symbolisch den drei vor ihm hintretenden Göttern, zwischen denen Schlangen angebracht sind. Wie in Kapitel 372 ausgeführt, könnte es sich m. E. um Enki in seiner Funktion als Kulturbringer handeln, wie er das Getreide nach Sumer bringt und an die einzelnen Schlangen(stadt)götter, die er dort einsetzt, verteilt[162] (siehe Seite 70).

– **Tišpak**

Abbildung 113[163] aus Tell Asmar(?) zeigt eine sitzende Gottheit mit einem Pflug in Händen, den sie einer menschlichen Gestalt überreicht. Dieser Vegetationsaspekt zusammen mit den fünf Schlangenleibern, die aus seinem Bein herauszuwachsen scheinen, legt nahe, dass es sich um den Gott Tišpak handelt, der von seinem Vizier mit Stab begleitet wird. Hinter dem Menschen ist ein *laḫmu* mit je einem Ringstab in der Hand postiert (siehe Seite 61).

Interessant ist der Vergleich der Siegel 112 und 113. Wurde für ersteres vermutet, dass Enki den Sumerern das Getreide bringt und Stadtgottheiten einsetzt, so scheint Bild 113 schon den nächsten Schritt in der Kultivierung der Menschen darzustellen. Die eingesetzten Stadtgötter, in diesem Fall Tišpak, lehren die Menschen Ackerbau zu betreiben, symbolisiert durch

---

[158] Braun Holzinger 1992: 37 38.
[159] Boehmer 1965: Abb. 572.
[160] Wiggermann 1997: 40.
[161] Boehmer 1965: Abb. 536.
[162] All diese Stadtgottheiten haben zwar verschiedene Schwerpunkte, doch alle haben einen Bezug zur Vegetation. Wiggermann 1997: 41.
[163] Wiggermann 1997: Abb. 6 a.

die Übergabe des Pfluges. Die *laḫmu*-Darstellung mag darauf hindeuten, dass auch der Wechsel von Regen- zu Trockenzeit und umgekehrt weiterhin vom Diener Enkis kontrolliert wird.

- **Altbabylonische-Zeit**

Aus der altbabylonischen Zeit sind aus Tell Asmar weitere Beispiele von Einführungsszenen bekannt, in denen Schlangen vorkommen. Im Gegensatz zu früheren Einführungsszenen fällt auf, dass meist der Wasserträger weggelassen wird. Die Hörnerkrone der Gottheit wird von einer konischen Kappe ersetzt, wie sie schon für Könige der Ur-III-Zeit typisch ist, so dass eine Differenzierung von Menschen und Göttern zusehends schwieriger wird.[164]

- **Schlangengott mit Gesetzestafel**

In Beispiel 114[165] führt m. E. die Göttin Išhara, gekennzeichnet durch den Skorpion, eine Person vor einen Gott mit Schlange. Dieser sitzt auf einem Podest und hält eine Tafel[166] in der Hand, über der ein Mondsymbol schwebt. Hinter seinem Rücken steht ein Baum. Bei der Tafel handelt es sich möglicherweise um eine Gesetzestafel, da Schlangengötter auch mit Rechtsprechung betraut sind. Von Išhara weiß man, dass sie mit dem Mondgott verheiratet ist und die beiden Herr und Frau Eid heissen.[167] Bei dem als Schlangengott ausgewiesenen Ištaran sticht der Aspekt der Gerechtigkeit besonders hervor (siehe Seite 66). Auch in den Beispielen 115[168], 116[169], 117[170], 118[171] und 119[172] hält der Schlangengott eine Tafel. Mit Ausnahme von Siegel 116 ist dem Schlangengott in obigen Beispielen immer eine Mondsichel zugeordnet, wohingegen über der einführenden Gottheit ein Stern angebracht ist. Dieser Bezug macht m. E. deutlich, dass es sich um Angehörige der beiden Abstammungslinien Schlangengott und Muttergöttin handelt.[173] Sollte es sich, wie von A. Nunn angemerkt, anstelle einer Tafel um ein Gefäß handeln und bei der einführenden Göttin um Dingir Lama, so fällt zwar der Bezug zur Rechtsprechung weg, doch widerspricht diese zweite Deutungsmöglichkeit, nämlich der einer Libation, keineswegs der Zuordnung der Szene zu den gerade ausgeführten zwei Abstammungslinien. Auf einigen Siegeln sitzt die Schlangengottheit auf einem schematischen Tierthron aus Capride (115) oder Schlangendrache (116).

---

[164] In Lagaš war Ningizzida als persönlicher Gott Gudeas tätig, manchmal setzt sich Gudea sogar mit ihm auf eine Stufe. Braun Holzinger 1992: 40 41.
[165] Frankfort 1955: Abb. 723.
[166] Eine Deutung des Gegenstandes als Gefäß ist nicht völlig auszuschließen und wird in der anschlie ßenden Deutung nochmals berücksichtigt werden. Anmerkung A. Nunn.
[167] RLA 1976 80: Išhara, 176 178.
[168] Frankfort 1955: Abb. 711.
[169] Frankfort 1955: Abb. 744.
[170] Frankfort 1955: Taf. 68, Abb. 737.
[171] Frankfort 1955: Abb. 717.
[172] Frankfort 1955: Abb. 771.
[173] Venusstern der Ištar (Groneberg 1986: 31.) und Mond als Hinweis auf einen Sohn des Schlangen gottes (Römer/Edzard 1993: 421f).

- **Symbole für Schlangentempel**

 Ein Schlangentempel mag durch die Schlange in Kombination mit einer Säule in Abbildung 115 dargestellt sein. In Bild 119[174] stehen zwei Schlangen rechts und links der Säule. In anderen Abbildungen wird die Schlange hinter dem Schlangengott auch von einer Säule mit nach oben geöffneter Mondsichel ersetzt (118), was wiederum die Abstammung des Mondgottes vom Schlangengott zu bestätigen scheint, wenn der Mond die Schlange als Symbol für den Schlangentempel ersetzen kann.

Deutung

Auf den Einführungsszenen der Akkad-Zeit bis in die altbabylonische Zeit zeichnen sich bereits die später mit Hilfe von Texten bestätigten Entwicklungen ab. Wasser- und Ziegenopfer sind Hinweise auf Enki "the pure bezoar of the apzu" und seine Gefährtin, die bärtige Inanna/Ištar.[175] Auch seine in Texten beschriebene Tat, den Sumerern das Getreide zu bringen und es an die von ihm eingesetzten Stadtgottheiten zu verteilen, wird dargestellt. In einer nächsten Stufe unterweisen die Stadtgottheiten die Menschen im Ackerbau. Ob die in altbabylonischer Zeit wichtiger werden Gesetze und Schiedssprüche, wie sie von sogenannte Gesetzesstelen bekannt sind, auch in Siegelbildern nachzuweisen sind, muss offen bleiben.[176]

2.3.5 Schlange in diversen Zusammenhängen

Vom Chaos zur Zivilisation

Das Siegel 120[177] aus Tell Asmar zeigt zwei Götter, einen Skorpion, eine bašmu-Schlange und einen Löwen. Die linke männliche Gottheit[178] hält einen Pflug. Die weibliche Gottheit[179] in der Mitte hat ebenfalls eine Hand am Pflug, in der anderen aber einen Skorpion. Könnte es sein, dass hier der Übergang von der chaotischen zur zivilisierten Welt symbolisiert wird? In zahlreichen Paradieserzählungen steht, dass erst mit der Zivilisation die wilden und gefährlichen Tiere Einzug in die Welt halten, hier dargestellt von bašmu-Schlange, Skorpion und Löwe. Und tatsächlich werden genau diese drei Tiere in den Texten als erste genannt[180] (siehe Seite 69).

Götterkämpfe und Jahreswechsel

Die Abbildungen 121 und 122 stehen in Bezug zum Jahreszeitenwechsel und stellen diesen sowohl mythologisch, als auch in seiner rituellen Form dar.

Die Abbildung 121[181] zeigt eine Götterkampfszene. Ganz links besiegt ein Gott mit einem Skorpionarm einen knienden Gott. Rechts daneben kämpft ein Schlangen-

---

[174] Frankfort 1955: Abb. 771.
[175] Groneberg 1986: 30.
[176] Falls ja, so handelt es sich um die von Egli beschriebene Einteilung der Schlangenvorstellungen in drei Ebenen: 1. Schöpfung, 2. Riten: Vegetation, 3. Macht. Egli 1982: 28 29.
[177] Frankfort 1955: Taf. 62, Abb. 654.
[178] Mondsymbol
[179] Stern
[180] Alster 1983: 56/57.
[181] Boehmer 1965: Abb. 299.

gott gegen einen *kusarikku*.[182] Durch eine Schlange getrennt steht eine männliche Gottheit vor einer weiblichen Gottheit, die mit einem Blitzbündel in der Hand auf einem Berg sitzt. Es könnte sein, dass sich der Schlangengott, nach erfolgreichem Kampf gegen den Gewittergott, das Blitzbündel von der Erdgöttin (Ninhursag?) abholt.[183] Mit diesem Akt ist der Wechsel von Trocken- zu Regenzeit vollzogen, d.h. die Schlangen können wieder in Form von Blitzen zur Erde niedersausen und die Flüsse aus den Wolken (dem oberen Teil des Apzu) mit Wasser füllen.

Das Siegel 122[184] wird häufig als Abbild des Mythos von Dumuzi[185] in der Unterwelt gedeutet. Links zwischen zwei Schlangen steht ein gefesselter Gott. Rechts von ihm scheint ein "Mann im Netzrock", ein Seil (Schlange) zu halten. Diesem folgt eine nackte Person mit einer Schlange in der Hand. Als Beobachter des Geschehens steht möglicherweise Ninazu auf seinem Schlangendrachen mit Blitzbündeln in Händen da. Mit großer Wahrscheinlichkeit steht auch diese Darstellung in Zusammenhang mit Fruchtbarkeitsriten und Regenzeremonien. Es wird einer der sterbenden Götter durch rituelle Handlungen aus seiner Gefangenschaft erlöst und leitet damit die Regenzeit ein.[186] Dem "Mann im Netzrock" kommt möglicherweise die Aufgabe zu, die Schlangen in Regenzeremonien handzuhaben, wie dies auch die Priester der Hopi-Indianer in Amerika praktizieren (siehe Seite 81).

Auf den ersten Blick befremdend erscheint das Siegel 123[187], auf dem mehrere ungewöhnliche Mischgestalten vorkommen. Rechts vom Ringstab sind m. E. die Götter Enki und An dargestellt.[188] Enki wird mit gefaltetem Schlangenunterkörper (siehe Seite 43), An mit Füßen in Schlangenform, einer Skorpionhand und zwei Flügeln an der Hüfte gezeigt.[189] Der Vizier Enkis, gekennzeichnet durch seinen Stab, führt von links die Göttin Inanna/Ištar vor das Schlangengottpaar. Inanna hat zwei Skorpionhände, zwei Füße in Form von Ziegen und es wachsen ihr zwei Löwen aus der Hüfte.[190] Es mag hier in verschlüsselter Weise der jährliche Wechsel von Regen- und Trockenzeit dargestellt sein, in dem die zwei Urgottheiten über Wasser und Erde in verschiedenen Rollen über das Jahr verteilt auftreten.

Ein sehr interessantes Siegel aus der Akkad-Zeit fand sich in Mari (124[191]). Dargestellt sind zwei männliche und zwei weibliche Gottheiten. Eine der männlichen

---

[182] Akkadisch *kusarikku*, ein aus mythologischen und magischen Texten bekanntes stierförmiges Wesen. Römer/Edzard 1993: 747.
[183] Somit übergibt die Erdgöttin für das nächste halbe Jahr die Macht an den Schlangengott.
[184] Boehmer 1965: Abb. 283.
[185] Dumuzi ist eine, die sterbende und wiedererstehende Natur repräsentierende, teils göttliche, teils menschliche Gestalt. Römer/Edzard 1993: 520.
[186] Das halbe Jahr der Dürre soll m. E. in einer Regenzeremonie beendet werden. Da der Schlangengott das Wasser kontrolliert, muss man ihn auf die Erde zurückholen. Dies äußert sich in der Natur so, dass durch die Schneeschmelze und Niederschläge die Flüsse wieder anschwellen.
[187] Wiggermann 1997: Abb. 4 b.
[188] Die Abbildung des Siegels scheint nicht richtig, besser sollte die Darstellung so getrennt werden, dass der Ringstab in der Mitte ist und jeweils die zwei Götter, die in die gleiche Richtung gewandt sind, rechts und links davon stehen.
[189] An ist der himmelsbezogene Teil des Schlangengottes, der in Gestalt eines Vogels zur Regenzeit in den Himmel aufsteigt (siehe Seite 64).
[190] All diese Tiere stehen für besondere Eigenschaften dieser Göttin. Die Ziege für Fruchtbarkeit, der Löwe für den Kampf zum Jahreswechsel und die Skorpione als Zeichen für Tod und Zerstörung während der Regenzeit. Der Skorpion an Ans Hand scheint dies zudem zu bestätigen, da An für Überschwemmungen sorgt.
[191] Boehmer 1965: Abb. 552.

sitzt auf einem Berg, mit einer Keule in der Hand. Auf beiden Seiten des Berges ragen die Köpfe je einer Schlange hervor, aus deren Maul Wasserströme fließen. Aus diesen Wasserströmen erwachsen zwei weibliche Vegetationsgöttinnen, denen noch zusätzlich Äste aus dem Körper ragen. Die linke hält einen Baum in der Hand, die rechte ein Wassergefäß. Der zweite männliche Gott ist ganz links in der Pose des spätakkadzeitlichen Bootgottes dargestellt. Wie dieser hält er einen langen Stab in Händen und hat ein Bein angewinkelt. Das andere Bein geht in die Wasserströme über. Allen abgebildeten Gottheiten gemeinsam ist die Hörnerkrone, die einem Schiff ähnelt und aus deren Mitte ein Baum erwächst.[192] In diesem Beispiel sieht man m. E. auch deutlich, wie man die Rolle der Schlange einschätzt. Sie wohnt im Gebirge und lässt das fruchtbare Wasser frei, um die Vegetation zu ermöglichen.

Ea im Wasserhaus

Auf dem akkadischen Siegel aus Ur 125[193] ist zwar nicht direkt eine Schlange abgebildet, doch zeigt es den Gott Ea in seinem Wasserhaus.[194] Dem Gott fließen Wasserströme aus den Schultern und zugleich wachsen auch Ähren heraus. Sein Haus ist an allen vier Seiten von mehreren Wassersträngen umgeben, die jeweils in einem Kringel enden.[195] Rechts hinter dem Haus kniet *laḫmu*, der Diener Enkis/Eas, mit seinem Ringstab. Auch er wird noch von den Wasserstrahlen eingefasst. Vor dem Haus stehen zwei weitere Gottheiten, denen Strahlen aus den Schultern wachsen. Die erste besteigt gerade einen Berg und hält einen Stab mit dreieckigem Ende. Die zweite hält eine Sichel in der Hand und steht zwischen einem Löwen und einem Menschen.

Ungeheuer

Siegel 126[196] aus Tell Asmar zeigt zwei Götter im Kampf mit einem siebenköpfigen Schlangendrachen. Der linke Gott hat schon vier Köpfe des Ungeheuers besiegt. Der rechte Gott ist mit einem Stab bewaffnet (Vizier?) und greift von hinten an. Aus dem Rücken des Drachen wachsen weitere sechs schlangenförmige Gebilde (vielleicht Schwänze der Drachen?) senkrecht heraus. Dieser Kampf des Schlangengottes gegen ein Ungeheuer kann m. E. als Kampf gegen zu starke Überschwemmungen gewertet werden, die oft von Tiamat und ihrer Heerschar verursacht werden, um das Leben auf der Erde zu vernichten. Dem Schlangengott kommt die Aufgabe zu, die Ordnung wieder herzustellen.

Die teilweise beschädigte Abrollung 127[197] aus Tell Asmar zeigt eine lange, dicke, am Boden liegende Schlange mit erhobenem Kopfteil. Direkt rechts von ihrem Kopf ist ein Stern angebracht, der an anderer Stelle ein Symbol für Inanna/Ištar war. Möglicherweise ist hier Ereškigal, die ältere Schwester Inannas gemeint (siehe

---

[192] Es wäre zu überlegen, ob es sich nicht bei diesem als Hörnerkrone angesprochenen Gebilde eher um die Nachbildung des Kosmos handelt, d.h. die Schlange/das Boot als Grundlage auf der/dem dann oft ein Berg *duku* mit Lebensbaum angebracht ist.

[193] Trokay 1989: Abb. 11.

[194] Trokay 1989: 156.

[195] Eine Identifikation mit Schlangen kann m. E. nicht ausgeschlossen werden.

[196] Frankfort 1955: Abb. 478.

[197] Frankfort 1955: Taf. 70, Abb. 760.

Seite 59). Auf ihr reitet der Schlangengott mit seinem Schlangendrachen. Rechts daneben befindet sich eine Person auf einer Art Stuhl sitzend. Vorläufig ist dazu keine Deutung möglich.

2.3.6 Bootgott

Aus der frühdynastischen Zeit und der Akkad-Zeit sind eine Reihe von sogenannten Bootgottszenen auf Rollsiegeln bekannt. In 38 Fällen handelt es sich dabei um ein Boot, dessen Rumpf aus einem Schlangenkörper und dessen Bug aus einer anthropomorphen Gestalt mit Hörnerkrone geformt ist.[198]

Es lassen sich drei verschiedene Arten der Darstellung des Bootgottes unterscheiden:

- **Frühdynastische Zeit**

    Bis auf den mit einer typisch frühdynastischen Hörnerkrone[199] verzierten Kopf und die Arme, weist der Bootskörper des zweiregistrigen Siegels 128[200] keinerlei anthropomorphe Züge auf. Der Unterkörper in Schlangengestalt bildet das Boot, dessen anderes Ende in einem Schlangenkopf endet. Mit einem Stab schiebt der Bootgott sich selbst vorwärts. Im Boot sitzt eine weitere gehörnte Person, der Strahlen aus den Schultern zu wachsen scheinen. Vor dem Boot schreitet ein Tier (ein Capride oder möglicherweise ein Schlangendrache?), hinter dem Boot folgt eine weitere Gottheit mit Stab (Vizier des Schlangengottes). Im unteren Register wird eine Art Erntedankzeremonie dargestellt, bei der das Getreide auf einem Wagen transportiert wird.[201]

    Eine ganz ähnliche Darstellung des Bootgottes mit im Boot sitzender Gottheit, wie im oberen Register des vorherigen Siegels, sieht man auch in Bild 129[202] aus Tell Asmar. Zahlreiche Symboltiere sind vor oder hinter dem Boot[203] angebracht. Vier Capriden, ein Adler und zwei Skorpione symbolisieren Trocken- und Regenzeit.

- **Akkad-Zeit**

    In der Akkad-Zeit setzt sich die Tradition des Bootgottes fort, doch findet ein zunehmender Anthropomorphisierungsprozess der Gottheit statt. Anders als in der frühdynastischen Zeit zeigt sich der Bootgott zu Beginn der Akkad-Zeit schon mit einem menschlich gestalteten Oberkörper, mit Bart und der für die Akkad-Zeit typischen Hörnerkrone (130[204], 131[205], 132[206] und 133[207]). Begleitet wird

---

[198] Furlong 1987: 6ff.
[199] Es handelt sich möglicherweise um die Hörner eines Capriden.
[200] Collon 1987: Abb. 723.
[201] Beide Szenen zusammen weisen m. E. auf den Mythos von Enki hin, in dem er mit seinem Schiff aus Dilmun nach Sumer kommt und den Leuten dort das Getreide bringt.
[202] Frankfort 1955: Abb. 499.
[203] Je nachdem, wie man das Siegelbild trennt.
[204] Boehmer 1965: Taf. 40, Abb. 473.
[205] Boehmer 1965: Taf. 40, Abb. 474.
[206] Boehmer 1965: Taf. 40, Abb. 475.
[207] Boehmer 1965: Taf. 40, Abb. 476.

er von Fischen, Skorpionmenschen und einem menschenköpfigen Löwen. Weiterhin sitzt eine Gottheit im Boot, die jetzt das Boot mit einem Stab anschiebt. Der Bootgott selbst schiebt kaum noch, sondern hält eine Art Keule in der Hand (131 und 133).

- **Späte Akkad-Zeit**

    Gegen Ende der Akkad-Zeit ist der Bootgott schon nahezu völlig anthropomorph dargestellt (134^{208} und 135^{209}). Das Schlangenboot wird jetzt nur noch aus einem Bein des Gottes geformt, während das zweite Bein menschlich gebildet ist und aus dem Wasser auf das Festland tritt. Dieser Übergang oder das Heraustreten aus dem Wasser ist bildlich so gelöst, dass unter dem Schlangenboot Wellenlinien Wasser andeuten, wohingegen das menschliche Bein auf festen Boden tritt. Die Schlange wird entweder gestreift (132, 134) oder glatt dargestellt und hat meist einen drachenartigen Kopf. Im Boot sitzt wieder eine Gottheit, der Strahlen(?) aus den Schultern wachsen.[210]

Wenn man sich zusammenfassend die Entwicklung des sogenannten Bootgottes ansieht, wird man feststellen, dass hier die Verwandlung von einem nahezu völlig schlangenhaften Wesen, hin zu einer fast völlig anthropomorphen Gottheit im Laufe des dritten Jahrtausends bildlich nachzuvollziehen ist. Im Kapitel über Textquellen wird der Bootgott als Enki identifiziert (siehe dazu Seite 64). Dieser Deutung kommt auch die Vermutung Furlongs zugute, die frühdynastische Hörnerkrone als Capridenhörner anzusprechen, da Enki als wahre Ziege des Apzus in Texten erwähnt ist.

2.3.7 Gott mit Schlangenunterkörper

Akkad-Zeit

Nur für die Akkad-Zeit ist die Darstellung eines Gottes, dessen Unterkörper in Form einer zusammengefalteten Schlange dargestellt wird, auf Rollsiegeln attestiert. Er wird in drei verschiedenen Kombinationen dargestellt, nämlich in Einführungsszenen, mit stehender Person vor dem Schlangengott und mit sitzender Gottheit vor dem Schlangengott.

- **Merkmale des Schlangengottes**

    An der Darstellung des Schlangenunterkörpers des Gottes fällt auf, dass er bis auf vier Ausnahmen immer dreimal gefaltet dargestellt ist. In zwei Abweichungen ist er fünfmal gefaltet (136^{211} und 137^{212}). Zwei weitere Beispiele (138^{213} und 139^{214}) zeigen ihn zweimal gefaltet und mit nach vorne erhobenem Schwanzende. In zwei Fällen ist zusätzlich noch eine Schlange beim Schlangengott

---
[208] Boehmer 1965: Taf. 40, Abb. 477.
[209] Boehmer 1965: Taf. 40, Abb. 478.
[210] Vergleicht man das Siegel mit dem aus Mari (124), so könnte es sich bei der im Boot sitzenden Gottheit auch um eine Vegetationsgöttin handeln. Die Strahlen wären demnach Äste. Das Marisiegel müsste dann als chronologische Fortsetzung der Bootgottreihe angesehen werden.
[211] Boehmer 1965: Abb. 575.
[212] Trokay 1991: Abb. 8.
[213] Frankfort 1955: Abb. 589.
[214] Frankfort 1955: Abb. 638.

abgebildet und zwar einmal in Form einer normalen Schlange (140^{215}) und einmal als Schlangendrachen (141^{216}). In der Hand hält der Gott entweder Zweige (141, 142^{217}, 143^{218}), eine Keule (144^{219}), oder eine Tafel (Gesetzestafel wie in altbabylonischer Zeit siehe Seite 38) (145^{220}, 146^{221}, 140, 147^{222}). Hinter dem Schlangengott steht ein Baum (144, 148^{223}) oder eine Ähre (142, 143). In zwei Fällen sind identische Keilschriftzeichen (151, 149^{224}) und in sieben Beispielen ein Tempelgrundriss abgebildet. Jeweils dreigeteilt sind die Tempel in Abbildungen 142, 146, 136 und 150^{225}, jedoch viergeteilt in den Abbildungen 149 und 147. Abbildung 137 zeigt einen (Tempel?-)Komplex, in den das Schwanzende des Gottes hineinreicht.

Vor dem Gott steht in neun Fällen ein Feueraltar (138, 141, 148, 142, 146, 151^{226}, 139, 143, 140) und in drei Fällen ein Altar ohne Flammen (136, 150, 147).

- **Personen vor dem Gott**

    In neun Beispielen stehen Personen vor der Gottheit (144, 141, 148, 142, 146, 136 und 137). Von diesen stehenden Personen sind zwei eindeutig als Götter zu identifizieren (142, 146), denen der Schlangengott einmal einen Zweig und einmal eine Tafel überreicht. In sieben Beispielen sitzt jeweils eine Gottheit dem Schlangengott gegenüber (151, 139, 149, 150, 143, 140 und 147).

    Nur zwei Szenen aus Tell Asmar können als Einführungsszenen angesprochen werden (138, 145). In den meisten anderen Abbildungen hat es den Anschein, als ob der Schlangengott der vor ihr stehenden oder sitzenden Gottheit etwas überreicht, etwas mit ihr bespricht oder sie in irgendetwas einweist. Da die Siegel im ganzen Gebiet jenseits des Tigris aufgetaucht sind, liegt m. E. eine Identifikation mit Enki als Weltordner nahe, der Stadtgottheiten in ihre Verantwortungsbereiche einweist.

- **Symbole**

    An Symbolen stehen der Mond und der Stern in verschiedenen Kombinationen mit dem Schlangengott und mit der anderen Gottheit in Verbindung. In acht Beispielen ist der Stern beim Schlangengott. In zwei Abbildungen hat dieser sowohl Stern, als auch Mond bei sich (145 und 140). Sein Gegenüber hat normalerweise immer das andere Himmelszeichen vor sich. Manchmal fallen jedoch beide aus, oder es steht der Mond für beide über dem Altar. Vor allem bei den Sitzszenen hat man den Eindruck, als ob beide Gottheiten ihre Symbole gegeneinander

---

[215] Boehmer 1965: Abb. 585.
[216] Boehmer 1965: Abb. 577.
[217] Boehmer 1965: Abb. 583.
[218] Boehmer 1965: Abb. 584.
[219] Frankfort 1955: Abb. 659.
[220] Frankfort 1955: Abb. 606.
[221] Boehmer 1965: Abb. 580.
[222] Boehmer 1965: Abb. 576.
[223] Boehmer 1965: Abb. 579.
[224] Boehmer 1965: Abb. 587.
[225] Boehmer 1965: Abb. 586.
[226] Frankfort 1955: Abb. 616.

tauschen wollten, was möglicherweise etwas mit dem Jahreswechsel zu tun hat. Das Feuer auf dem Altar bringt einen bislang noch wenig beachteten Aspekt der Schlange mit ins Spiel. Erstens ist sie selbst abhängig von Wärme, um überhaupt aktiv werden zu können, was dann im übertragenen Sinn auch für die Natur gilt, die im Zusammenspiel von Regen und Wärme im Frühjahr wieder zu neuem Leben erwacht. Entfacht wird Feuer unter anderem durch Blitzeinschläge, wie sie bei den Frühjahrsgewittern häufig sind.[227] So ist es nicht verwunderlich, dass der Feuergott Nusku mit den Schlangengöttern in Beziehung steht.

Deutung

Die Kombination des Schlangengottes mit Ähren und Bäumen weist auf seinen Fruchtbarkeits- und Stabilitätsaspekt hin. Die Tatsache, dass oft ein Tempelgrundriss hinter dem Schlangengott dargestellt ist und manchmal sogar sein Schlangenschwanzende in den Tempel hineinreicht, deutet auf einen Tempelkult hin. Die unterschiedliche Einteilung des Grundrisses mag verschiedene Tempel darstellen. Aus Eridu weiß man z.B., dass Enki sein Haus des Apzus errichtet hat,[228] welches einen dreiteiligen Grundriss aufweist. Die Hinweise auf die Verbindung des Gottes mit Schlangenunterkörper und Enki werden anhand der Textquellen noch vertieft werden. In Siegel 143 sind die Flammen in Zickzackform auf dem Altar dargestellt, weshalb man einen Zusammenhang zwischen Schlangen, die bei einem Gewitter in Form von Blitzen aus dem Himmel zur Erde niedersausen und Feuer sehen kann, das beim Einschlag entfacht wird. Die Tatsache, dass verhältnismäßig viele Siegel aus Tell Asmar stammen, hebt die Bedeutung dieses Ortes für den Schlangenkult hervor.

2.3.8 Gott auf dem Schlangenthron

Iran

Sind Darstellungen des Gottes mit Schlangenunterkörper in Mesopotamien nur für die Akkad-Zeit belegt,[229] so findet man in Susa im 2. Jt. v. Chr. Darstellungen eines Gottes, der auf einem Schlangenthron sitzt.[230]

- **Merkmale des Gottes**

    Der Gott sitzt immer auf einem Schlangenthron (152[231], 153[232], 154[233], 155[234], 156[235], 157[236] und 158[237]), der manchmal auf einem Podest steht. Der Gott selbst hält meist seine Insignien Ring und Stab in der Hand, die er einer vor ihm stehenden Person (oder einem Gott) überreicht. In Beispiel 152 fließen

---

[227] Diese Blitze werden von der Schlange symbolisiert (siehe Australien Seite 80).
[228] Golzio 1883: 26.
[229] Der Übergang von Tiergöttern zu Menschengöttern war dann abgeschlossen.
[230] Trokay 1989: 153.
[231] Miroschedji 1981: Taf. I, Abb. 5.
[232] Miroschedji 1981: Taf. I, Abb. 6.
[233] Trokay 1991: Abb. 5.
[234] Miroschedji 1981: Taf. II, Abb. 5.
[235] Miroschedji 1981: Taf. I, Abb. 1.
[236] Miroschedji 1981: Taf. I, Abb. 2.
[237] Miroschedji 1981: Taf. I, Abb. 3.

Wasserstrahlen aus den Insignien in die Hände des Anbeters. In Abbildung 153 dagegen hält der Gott zwei zickzackförmige Schlangen in der Hand. Auch seine Krone ist in diesem Fall mit einer gefalteten Schlange besetzt, wohingegen in den anderen Beispielen eine normale Tiara (152) oder Hörnerkrone (156) zu sehen ist. Die Krone in Beispiel 154 erinnert an die des Bootgottes.

- **Merkmale des Thrones**

  Der Thron selbst ist aus einer Schlange geformt, der wie beim Schlangengott mehrmals gefaltet ist. Auch hier kommen zwei bis vier Faltungen vor (156, 152 und 154), die möglicherweise etwas über die Funktion des Gottes in speziellen Zusammenhängen aussagen. Hinweise darauf, dass der Thron sich aus dem mesopotamischen Schlangengott herausentwickelt haben könnte, sieht man noch an dem bärtigen Menschenkopf des Thrones, der als Rückenlehne konzipiert ist (156, 157, 153, 155 und 158).

  Das Podest, auf dem der Gott samt Thron sitzt, ist in manchen Beispielen abgetreppt, so dass der Eindruck entsteht, es handle sich um die Nachbildung von Gebirge (152). In Abbildung 158 könnte auch ein Tempel gemeint sein. In Abbildung 155 ist der Thron zusätzlich erhöht. Zwei ineinander verwundene Schlangen wachsen säulenartig aus den Bergen, symbolisiert durch Schuppen, hervor und werden von zwei Figuren gestützt. In der Fläche zwischen den Schlangenköpfen sitzt der Gott auf seinem Schlangenthron mit Ring und Stab. Diesmal ist der bärtige Kopf des Throns sogar gehörnt. In diesem Fall steht eine weitere, erheblich größere Gottheit vor dem Gott und zwar ebenfalls auf einem Sockel.[238] Im Beispiel 157 wird der Sockel durch einen Löwen ersetzt.[239]

- **Ziegenopfer**

  Das für Mesopotamien so typische Ziegenopfer kann man vereinzelt auch in iranischen Darstellungen wiederfinden (156 und 159[240]). D.h. wenn nicht gerade der Herrschaftsaspekt im Vordergrund steht, bleibt auch im Iran die alte Tradition des Ziegenopfers an einen Schlangengott erhalten.

Deutung

Generell zeichnet sich die Tendenz ab, jeweils die höchste Gottheit der fremden Kosmologie der höchsten Gottheit der eigenen Kosmologie unterzuordnen. Dieses Phänomen konnte man in Mesopotamien am Beispiel des Ziegen-"Dämons" beobachten, der als *laḫmu*, dem Diener Enkis, in Mesopotamien eingeführt wurde. Im 2. Jt. v. Chr. kehrt sich dieser Vorgang um. Der durch einen Stab, oder Ringstab gekennzeichnete Vizier der mesopotamischen Schlangengötter sitzt im Iran auf einem Schlangenthron, dessen bärtiger Kopf an den Schlangengott Enki erinnert. Es hat sich demnach, wenn man so will, die iranische Tradition des Ziegen-"Dämons" erhalten, mit fremdem Kulturgut vermischt und ist so gestärkt im 2. Jt. v. Chr. wieder zum

---

[238] Die Inschrift nennt sowohl Napiriša, als auch Inšušinak. Wiggermann 1997: 45.

[239] Erinnert man sich an die Schlangenbändiger Darstellungen aus Uruk, so standen diese Bändiger auf Löwen, was sie in Verbindung zu Inanna stellte.

[240] Miroschedji 1981: Taf. II, Abb. 4.

Ausdruck gebracht worden. Dass es sich tatsächlich um die Darstellung des Schlangengottes (=Ziegen-"Dämon") handelt, beweisen auch die Keilschriftkolumnen der Siegel, die den Schlangengott Inšušinak nennen.

2.3.9 Thematisch relevante Siegel ohne Schlange

Kurz erwähnt werden müssen auch Siegel, auf denen nicht direkt eine Schlange abgebildet ist, die aber dennoch mit ihr oder einer ihr zugeordneten Gottheit in Verbindung stehen.

Schlangendrache und Löwendrache

Der Schlangendrache (*mušḫuššu*), das Begleittier der Schlangengötter, erscheint erstmals gegen Ende der Frühdynastischen Zeit. Seine endgültige Form hat er jedoch erst gegen Ende der Akkad-Zeit erhalten.

Die Darstellung 122, aus der Frühdynastischen Zeit, kann als Vorläufer des *mušḫuššu* angesehen werden. Sie zeigt den Schlangengott Ninazu mit dreiköpfiger Keule auf einem Löwen mit Schlangenschwanz.[241]

In Darstellung 160[242] sitzt ein Vegetationsgott auf einer frühen Form des Schlangendrachens.

Abbildung 161[243] zeigt den Schlangendrachen in seiner endgültigen Form, wie man ihn dann auch bis ins erste Jahrtausend dargestellt findet und zwar mit Vogelklauen anstelle von Löwenpfoten.

Die Abbildung 162[244] gibt einen chronologischen Überblick über die verschiedenen Drachentypen nach Wiggermann. Bei den frühesten Beispielen kann man einen Löwenkopf erkennen, erst Drache Nummer drei hat einen Schlangenkopf. Der Löwe weist auf Inanna hin, die in enger Verbindung mit dem Schlangengott steht. Schlangen- und Löwenanteil des Drachen drücken somit aus, ob das Tier der Wasser- oder der Erdgottheit nahe steht, also dem männlichen oder weiblichen Teil eines zweigeschlechtlichen Urwesens (siehe Seite 72).

Schlange als Regenbogen

Der Schlangengott ist im Iran mit der Regenbogengöttin Manzât verheiratet.[245] Van Loon unterscheidet drei verschiedene Arten der Darstellung eines Regenbogens: Seit der Frühdynastischen Zeit kann das Flügeltor stellvertretend für den Regenbogen angesehen werden. Ebenso steht das Kleid der Göttin in Syrien, Anatolien und Iran ab dem 2. Jt. v. Chr. für den Regenbogen. Und zu guter letzt wird die Perlenkette der nackten Göttin repräsentativ für den Regenbogen verwendet.[246] In manchen Beispielen ist das Tor wie ein Seil verdreht, was uns an die verschlungene Schlange erinnert

---

[241] RLA 1998: mušḫuš, 457.
[242] van Buren 1935: Taf. 10 a.
[243] Wiggermann 1997: Abb. 2 c.
[244] Wiggermann 1997: Abb. 2, 1 6.
[245] van Loon 1992: 150.
[246] van Loon 1992: 152 153.

(163[247]). Die Verbindung Schlange - Regenbogen kommt bei der Untersuchung ethnologischer Quellen nocheinmal zur Sprache (siehe Seite 81). Die Abbildung 164[248] stellt möglicherweise den Schlangengott und die Regenbogengöttin gemeinsam dar. Der Schlangengott sitzt auf seinem Schlangendrachen und die Göttin in ihrem Tor. Zwischen den beiden steht ein Adorant mit einer Ziege als Opfergabe.

2.4 Materialgruppe 4: Rundplastik

Ritualtexte bestätigen, dass Statuetten im Zuge religiöser Feste meist zerschlagen wurden, nachdem man die bösen Kräfte auf sie transferiert hatte, weshalb diese Materialgruppe zahlenmäßig nicht sehr groß ist.[249]

2.4.1 Mesopotamien

- **Schlangen aus Stein und Ton**

  Eines der ältesten Beispiele für rundplastische Schlangendarstellungen findet man in Nemrik in Form einer Steinplastik (165[250]). Sie datiert in das 8. Jt. v. Chr. und gehört zu einem ganzen Fundkomplex sowohl tierischer, als auch menschlicher Rundplastiken. Vor allem verschiedene Vogelarten, Panther und Schlangen und männliche und weibliche Figuren sind dargestellt, so dass der Ausgräber aufgrund der Verteilung der Funde auf verschiedene Häuser die Vermutung äußert, es könne sich um sogenannte Totemtiere handeln. D.h. jede Familie hat ein anderes Tier als Ahnentier[251], dem im Haus ein spezieller Platz zugewiesen ist und das wie ein Familienmitglied behandelt wird.[252] Auch aus ethnologischen Quellen gibt es Hinweise auf ein Pantheon aus Tiergeistern (siehe Seite 82).

  Abbildung 166[253] zeigt einen 37 cm hohen Kalksteinkopf aus Nevali Çori. Neben zwei Ohren an den Seiten ist eine Zickzackschlange mit dreieckigem Kopf vertikal angebracht. Dieser Fund stammt aus einem Kultgebäude, das man demnach als Schlangenkultgebäude ansprechen kann.

  In die Obed-Zeit werden zwei Tonschlangen aus Eridu (167-168[254]) datiert. Es handelt sich um rundplastische Darstellungen, die mit Punkten und Schraffur verziert sind. Beide Stücke wurden im Enki-Tempel gefunden.[255]

  Ein Beispiel für rundplastische, ineinander verschlungene Schlangen ist aus Tello bekannt (169[256]).

---

[247] van Loon 1992: Abb. 17.
[248] Wiggermann 1997: Abb. 3 a.
[249] RLA 1993 97: Mischwesen, 232.
[250] Kozlowski 1997: Abb. 1.
[251] Die Schlange wurde z. B. in Haus 5 gefunden.
[252] Kozlowski 1997: 36.
[253] Hauptmann 1993: Abb. 19.
[254] Safar 1981: Abb. 110.
[255] Man könnte dies mit Hilfe des Dilmun Mythos so deuten: Enki schläft vor der Schöpfung auf Dilmun, weshalb man dort symbolisch Schlangen bestattet. Als er in seiner Barke nach Sumer kommt, errichtet er dort seinen ersten Tempel (Haus des Abgrundes/Abzu), in dem Schlangendarstellungen gefunden wurden.

- **Muttergottheit und Schlange**

  Dass auch die als Muttergottheiten bezeichneten Rundplastiken einen Bezug zur Schlange aufweisen, hat Gimbutas anhand zahlreicher Funde aus Europa und dem Baltikum gezeigt.[257] Diese Statuetten sind entweder mit roter Farbe mit Schlangen oder Wellenlinien überzogen, oder ihre Arme und Beine sind selbst in Schlangenform dargestellt. Der Kopf mündet oft in den einer Schlange, oder ihr menschlicher Kopf ist mit schlangenähnlichen Zügen gezeichnet. Nicht aus dem Untersuchungsgebiet, jedoch aus dem benachbarten Anatolien stammt die neolithische Darstellung 170[258]. Aus dem Iran sind ebenfalls weibliche Rundplastiken bekannt, die mit Dreiecken und Wellenlinien bemalt sind (173[259]). Die Verquickung von Muttergottheit und Schlange ist vor allem hinsichtlich des Zusammenhangs "Enki/An und Ereškigal/Inanna" von Bedeutung. Beide Teile scheinen sich im Zuge der Entwicklung voneinander getrennt zu haben. Die Schöpfung aus einem zweigeschlechtlichen Urwesen, das in Himmel und Erde gespalten wird, ist in Texten beschrieben und auch, dass sowohl der männliche Schlangen/Vogelteil, als auch der weibliche Ziegen/Löwen/Skorpionteil jeweils noch Teile des anderen Geschlechts in sich vereinen (siehe Transformation Seite 63).

  Aber auch aus dem Mesopotamien des 3. Jt. v. Chr. sind ähnliche Figurinen, zwar schlanker in der Gesamtanlage, aber dennoch mit reptilienartigen Gesichtszügen und Kopfformen[260] aus verschiedenen Städten u. a. aus Eridu und Ur (171-172)[261] bekannt. Auffällt, dass sowohl weibliche als auch männliche Darstellungen gefertigt wurden, was gut zur eben genannten Entwicklung und der Trennung der zwei Geschlechter passt.

- **"Homme aux Serpents"**

  Die rundplastische Darstellung eines Mannes mit vier Schlangen aus der frühdynastischen Zeit stammt aus Tello. Der Mann kniet nackt, wobei vier Schlangen seinen Körper fesseln. Zwei Fische hat er als Schmuckstücke an einer Kette um den Hals hängen,[262] was ihn in Zusammenhang mit Enki stellt.[263] Diese Plastik gehört nach Parrot in eine Dreierserie (174-176)[264]. Aufgrund der knienden Haltung und der Nacktheit geht man von einer kultischen Darstellung aus, die möglicherweise den während der Trockenzeit gefesselten Schlangengott symbolisiert.

---

[256] Genouillac 1936: Abb. 4.
[257] Gimbutas 1995: 121 137.
[258] Gimbutas 1995: Abb. 203.
[259] Ippolitoni Strika 1990: Abb. S.
[260] Die Kopfform ist überlängt und die Augen sind in Mandelform schräg nach hinten angebracht.
[261] Hrouda 1991: 52.
[262] Parrot 1951: 58.
[263] RLA 1938: Enki, 376 377.
[264] Parrot 1951: 57 61.

2.4.2 Iran

- **Anthropomorphe Drachen**

Aus dem Ostiran (Ende 3./Anfang 2. Jt. v. Chr.) sind drei rundplastische Darstellungen von menschengestaltigen Drachen bekannt: Foroughi-Statuette, Breitbart-Statuette und Louvre-Statuette (177-179[265]). Die geschuppte Haut gibt den Figuren ihren Schlangencharakter. Der Bart ist eine Übertragung der Bärte von Löwen- und Schlangendrachen. Einige Löcher in der Louvre-Statuette mögen der Befestigung von Flügeln gedient haben. Allen drei Figuren gemeinsam ist auch ein wassersprudelndes Gefäß, das sie unter der Achsel eingeklemmt halten und das sie in Verbindung zu Enki setzt. Ebenfalls sind alle drei mit einem kurzen Rock bekleidet. Die Gesichter der Figuren sind absichtlich vernarbt oder zerstört, um die bösen Kräfte zu beschwören.[266] An verschiedenen Körperteilen waren bunte Steine in die Kompositstatuetten eingearbeitet.[267] Die Füße fehlen bei zwei der Statuetten, nur die Breitbart-Figur hat Schnabelschuhe an. Francfort meint, dass es sich womöglich um die Darstellung verkleideter Menschen handelt, die während Zeremonien als Drachen verkleidet auftraten.[268] Ebenso wird der Zusammenhang mit den ziegenköpfigen Gestalten der iranischen Stempelglyptik diskutiert, die die gleichen Schuhe tragen und auch verkleidete Menschen während eines Rituals darstellen könnten.[269] Ein kurzer Blick nach Mesopotamien zeigt, dass auch hier die Kupferstatuette eines Mannes mit Schnabelschuhen und Hörnermütze existiert (180[270]).

- **Gott auf Schlangenthron**

Aus dem Susa des 18.-17. Jh. v. Chr. stammt eine rundplastische Darstellung des Gottes auf dem Schlangenthron. Das ganze Stück ist aus Bronze gegossen und zeigt drei Schlangen, wie sie die Rücklehne hinaufkriechen. Nur ihre Köpfe reichen über die Lehne und scheinen ein Auge auf den Gott gerichtet zu haben.[271] Sehr schlecht kann man erkennen, dass der Gott eine Schlange in der linken Hand hält, und ob er auch seine typischen Insignien Ring und Stab in der rechten Hand gehalten hat, kann nur noch vermutet werden (181[272]).

- **Bronzeschlangen**

Ungefähr zeitgleich mit Beispiel 181 ist die Bronzestatuette 182[273] aus Susa. Eine Gottheit steht auf einem Wagen und hält einen Zweig in der Hand. Über ihrer Hörnerkrone erhebt sich eine zusammengerollte Schlange (ähnlich wie auf Rollsiegel 153).

---

[265] Francfort 1994: Abb. 3, 4, 5.
[266] Francfort 1994: 407f.
[267] Perlen waren ein Symbol für den Regenbogen, aber vor allem auch ein Symbol für Wissen (siehe Seite 70).
[268] Möglicherweise stellen die iranischen Figuren symbolisch die Methamorphose von der Schlange in einen Vogel im Frühjahr dar.
[269] Francfort 1994: 409 410.
[270] Ippolitoni Strika 1990: Abb. H.
[271] Miroschedji 1981: 6.
[272] Miroschedji 1981: Taf. III.
[273] Miroschedji 1981: Taf. IV, Abb. 1.

Wiederum aus Bronze ist der kleine Schlangendrachen aus Susa (183[274]), dessen abgeflachtes und perforiertes Ende darauf schließen lässt, dass es sich um das Attributtier des Schlangengottes handelt, der als Kompositfigur dargestellt war.

- **Schlange und Vogel**

  Eine Reihe von Zeremonialäxten aus dem 3. Jahrtausend aus Ostiran stellen Schlange und Vogel dar: Die Schneide kommt aus dem Schlangenmaul (Hornviper), während Federn und/oder Vogelköpfe den Griff verzieren (184[275]).

2.4.3 Deutung

Das aus den Roll- und Stempelsiegeldarstellungen gewonnene Bild konnte anhand der rundplastischen Beispiele einerseits bestätigt, aber auch noch erweitert werden. So ist auch für die Frühzeit bekannt, dass es Kultanlagen gegeben hat, in denen Tiere verehrt wurden. Auch der Zusammenhang von Schlange und Muttergottheit, der in den Texten näher beschrieben wird (siehe Enki und Nintu Seite 69), wurde deutlich. Alle dem Schlangengott und dem Ziegen-"Dämon" zuzuschreibenden Eigenschaften treffen auch für die "anthropomorphen Drachen" aus dem Iran zu, wie z. B. Wasser, Fische, geschuppte Haut, Schnabelschuhe, etc. Die Flügel sind m. E. Ausdruck des Wechsels von der Schlange zum Vogel, d.h. von Trocken- zu Regenzeit. Diese Vorstellung kommt auch in den Zeremonialäxten zum Ausdruck.

2.5 Materialgruppe 5: Relief

Über drei Meter hohe Stelen mit Schlangenzier aus dem 9. Jt. v. Chr.[276] wurden jüngst bei Grabungen in Göbekli entdeckt (185[277] und 186[278]). Die Schlangen haben einen dreieckigen Kopf und sind auch in Kombination mit Capriden dargestellt, wie man es für spätere Zeit vor allem auf iranischen Stempelsiegeln kennt. Die Verehrung von Schlangen und die Verbindung mit Capriden als Repräsentanten der Elemente Wasser und Erde reicht demnach sehr weit zurück und ist tief in der Kultur verankert.

2.5.1 "Schlangenbändiger"

Auf dem Steatitgefäß (187[279]) aus Chafadji wird der Schlangenbändiger einmal auf zwei Löwen und einmal auf Buckelrindern kniend dargestellt. Rechts daneben wird ein Buckelrind von einem Löwen gerissen. Der Bändiger auf den Löwen hält zwei Schlangen in der Hand, der auf den Buckelrindern hingegen ist von Vegetation umgeben. Es handelt sich hier um die Darstellung des saisonalen Zyklus, wie er schon

---

[274] Miroschedji 1981: Taf. IV 2 und XI.
[275] Miroschedji 1981: Taf. XI, Abb. 3, 4.
[276] Bei der Themenstellung orientierte sich die zeitliche Abgrenzung an den frühesten Funden aus Nemrik im 8. Jt. v. Chr.. Mit den neuen Funden aus Göbekli ist ein weiterer Schritt zurück in die Vergangenheit gemacht und ein weiterer Hinweis darauf gegeben, daß mit der Ankunft der ersten Menschen im Fruchtbaren Halbmond auch die Verehrung der Schlange miteingetroffen ist.
[277] Schmidt 1998: Abb. 13.
[278] Schmidt 1998: Abb. 14.
[279] v. d. Osten Sacken 1992: Taf. XXXVII, Abb. 76.

wiederholt angesprochen wurde.[280] Der Wechsel von Regen- zu Trockenzeit und umgekehrt kann jeweils nur mit Hilfe eines Kampfes erfolgen. Einmal besiegt *laḫmu* die Löwen Inannas und in der Regenzeit den Stier des Wettergottes.
Eine bisher nicht beobachtete Form eines Schlangenbändigers bietet eine Nadel aus Luristan aus dem ausgehenden 2. Jt. v. Chr. (188[281]), die eine sitzende Schlangenherrin auf einer zusammengerollten Schlange zeigt. Mit der linken Hand hält sie eine gepunktete Schlange. Der Teil ihrer rechten Hand ist leider abgebrochen, doch hält sie dort wahrscheinlich die zweite Schlange, auf der sie sitzt. Um ihre Taille ist wie in den frühen Beispielen eine Schlange gelegt.

2.5.2 Verschlungene Schlange und Schlangendrache

Frühdynastische Zeit

In Nippur fand man im Inanna Tempel ein intarsiertes Chloritgefäß aus dem südlichen Iran (189[282]), auf dem eine Raubkatze mit einer Schlange kämpft. Laut Keilinschrift handelt es sich um Inanna und die Schlange.

Akkad-Zeit

Ein akkadzeitliches Relief (190[283]) aus einem Privathaus aus Tell Asmar zeigt auf der Rückseite eine Person vor dem geschuppten Schlangendrachen knien. Unter dem Schlangendrachen ist zusätzlich eine Schlange dargestellt. Der Gott auf dem Drachen der nach vorne gewandt ist, ist ebenfalls geschuppt, was eine Verbindung zum Bergland bekräftigt. Möglicherweise spielte das Relief eine Rolle im Ahnenkult.[284]

Ur-III-Zeit

Die aus der Ur-III-Zeit stammende Steatitvase aus Lagaš wurde von Gudea seinem persönlichen Schutzgott Ningizzida geweiht (191[285]). Zwei Kompositfiguren in Relief halten Ringstäbe in der Hand, zwischen denen zwei verschlungene Schlangen angebracht sind. Lambert hält eine Zuweisung der Kompositfiguren zum *mušḫuššu* für wahrscheinlich,[286] während Green sie als *bašmu*-Drachen bezeichnet.[287] Da das

---

[280] Francfort 1994: 414.
[281] Trokay 1989: Fig. 19.
[282] Roaf 1990: 81.
[283] Wiggermann 1997: Abb. 2 b.
[284] Ahnengeister kommen in Form von Schlangen in vielen Kulturen zu den Lebenden zurück, um nach dem Rechten zu sehen (siehe Seite 83).
[285] Green 1992: 167. Abb. 139.
[286] Wiggermann 1992 b: 167 168.
[287] Im Sumerischen gibt es zwei Ausdrücke für den akkadischen Begriff *bašmu*. *Muš-ša-tur*, was soviel wie Geburtsgöttin Schlange heißt und *ušum*, was giftige Schlange bedeutet. Erstere ist vor allem aus der Kleinplastik inschriftlich belegt. Seit Gudea wird sie in Texten als spezifisches Monster genannt und in der Kunst findet man sie unter anderem auf Kudurrus und auf neuassyrischen Siegeln. Im altbabylonischen Gilgameš und Huwawa Mythos wird sie als *ursag* (Krieger) genannt und zwar als einer von sieben Monstersöhnen, die Utu Gilgameš als Begleiter mitgibt. Die giftige *bašmu* Schlange ist gehörnt mit Vorderbeinen und wird vornehmlich im 1. Jt. v. Chr. dargestellt. In der KAR 6 Mythe wird beschrieben, wie sie im Meer erschaffen wurde und dann Fische, Vögel, Wildschweine und Menschen verschlingt. Wiggermann 1992 b: 167 168.

Monster Ringstäbe hält, was es als Diener einer Schlangengottheit ausweist, ist die Deutung als *bašmu*-Drachen m. E. vorzuziehen.

2. Jahrtausend

Aus dem 2. Jt. v. Chr. sind einige verzierte Metallgefäße aus Nord- und Nordwestiran bekannt. Neben Beispielen von um das Gefäß herumgelegten, verschlungenen Schlangen (193[288]) oder Gefäßen, die strickmusterartige Schlangen in Kombination mit Dreiecken zeigen und deren Boden mit einer dicken Schlange ausgeschmückt ist (192[289]), ist vor allem die Kombination von vier verschieden gemusterten Schlangen mit Vögeln und Fischen interessant (194[290]). Die vier Muster Schuppen, Wellenlinien, Tropfen und Zweig könnten Gebirge, Flüsse, Regen und Vegetation symbolisieren. Es sind jeweils zwei der Schlangen in unterschiedlicher Kombination miteinander verschlungen, wobei beide Paare um einen Fisch kämpfen. In den Freiräumen zwischen den Schlangen sind verschiedene Vögel dargestellt. Aus dem 11. Jh. v. Chr. kennt man ein Beispiel, in dem auf dem Boden eines Gefäßes zwei gewellte und punktgemusterte Schlangen eine Art Hexagon formen (195[291]). Es bleibt auch im 2. Jt. v. Chr. der Glaube an die Transformation der Schlange in einen Vogel im Übergang von Trocken- zu Regenzeit und somit ihre Bedeutung für die Kontrolle des Wasserhaushaltes erhalten.

2.5.3 Gott auf Schlangenthron

Felsrelief

Aus der Provinz Fars sind zwei Felsreliefs mit dem Gott auf dem Schlangenthron bekannt.

Das Relief von Naqš-i Rustam (196[292]) ist im 3. Jh.n.Chr. von Bahram zugunsten eines neuen Reliefs nahezu völlig zerstört worden. Trotzdem konnte aus den Spuren die Szene aus dem 17. Jh. v. Chr. teilweise rekonstruiert werden. Rechts sitzt ein göttliches Paar, jeder auf einem Schlangenthron und von links kommen Adoranten herbei. Dieser Felsen scheint über mehrere Jahrtausende als heilige Stätte genutzt worden zu sein.[293]

Das Flachrelief von Kurangun (197[294]) datiert ebenfalls ins 17. Jh. v. Chr. und ist an einer sehr exponierten Stelle des Felsens in 200 Metern Höhe angebracht. Dargestellt sind zwei Gruppen von Adoranten, die ein göttliches Paar in der Mitte umschließen. Der Gott sitzt auf einer zusammengerollten Schlange und hält eine weitere, möglicherweise einen Schlangendrachen, in der linken Hand. In der rechten hält er Ring und Stab, aus denen Wasser hervorsprudelt und eine Art Baldachin über dem Götterpaar bildet. Rechts neben ihm sitzt eine weibliche Gottheit auf einem Tier. Die Tatsache, dass die Plattform vor dem Relief mit Fischen und die drei Seiten mit engen

---

[288] Löw 1998: Fig. 132.
[289] Löw 1998: Fig. 136.
[290] Löw 1998: Fig. 110.
[291] Löw 1998: Fig. 122 b.
[292] Miroschedji 1981: Taf. V.
[293] Miroschedji 1981: 8.
[294] Miroschedji 1981: Taf. VI.

Wellenlinien verziert sind, lässt darauf schließen, dass das ganze als Wasserbecken angesehen wurde, das der Gott mit Wasser aus seinen Händen füllte.[295] Es handelt sich demnach um einen Regen- und Fruchtbarkeitszeremonieplatz.

Stele

Die Stele des Untaš-Napiriša aus Çoga Zanbil datiert ins 13. Jh. v. Chr. (198[296]). Das oberste Register zeigt den König (Inschrift auf seinem Unterarm) wie einen Adoranten vor einem Gott stehen, der durch seine Insignien Ring und Stab als iranischer Schlangengott identifiziert wird.[297] Auf Höhe seiner Brust ist der Kopf eines flammenspeienden Schlangendrachen zu erkennen. Das Register darunter zeigt den König mit seiner Gattin Napir-Asu, einer Priesterin, gegenüberstehen. Das darauffolgende Register enthält wahrscheinlich weibliche Fischgenien mit einer Hörnerkrone und menschlichen und tierischen Ohren. Sie halten Wassersprudel, die sowohl aus ihren Körpern, als auch aus Vasen fließen. Im untersten Register stehen sich zwei Stiermenschen mit einer Dattelpalme in der Mitte gegenüber. An beiden Seiten der Stele erheben sich zwei große Schlangen, die scheinbar aus der Erde emporsteigen. Beide haben eine unterschiedliche Musterung, einmal geschuppt und einmal gepunktet, was auf unterschiedliche Schlangenarten hinweisen könnte (Schlange aus dem Gebirge und Schlange aus dem Wasser). Beiden wird ein Schlangendrachenkopf zugeschrieben, was der Vergleich mit einigen weiteren zeitgleichen Stelenfragmenten fordert (199, 200, 201)[298]. Untaš-Napiriša scheint folglich mehrere solcher Stelen zu Ehren der Schlangengottheit in Auftrag gegeben zu haben.[299]

2.5.4 Schlange auf Kudurrus

Interessant sind die Darstellungen auf kassitenzeitlichen Kudurrus. Es scheint so, als wollte man auf diesen Landschenkungsurkunden durch die Kombination vieler Symbole den ganzen Kosmos darstellen.[300] Es soll genügen, ein Beispiel herauszugreifen (202[301] und 203[302]). Um den Fuß des Steins windet sich eine Schlange, auf der eine zwei Drittel des Steines einnehmende Stadtmauer mit Zinnen errichtet ist. Oben sind zwei Friese angebracht. Der untere Fries zeigt Götter mit ihren Attributtieren, der obere Fries dagegen nur noch Symbole, die die einzelnen Tempelanlagen repräsentieren. Abgeschlossen wird der Stein von einer weiteren verwundenen Schlange. Es ist anzunehmen, dass hier der Kosmos, dargestellt von der Stadt und ihren heiligen Bezirken, wiedergegeben ist. Die Schlange unten steht für den Apzu, der die Erde umgibt. Auf diesem schwimmt die Erde, also im Kleinen die Stadt, mit ihren verschiedenen

---

[295] Miroschedji 1981: 9.
[296] Miroschedji 1981: Taf. VIII.
[297] Miroschedji 1981: 2 3.
[298] Miroschedji 1981: Taf. IX, 1 3.
[299] Miroschedji 1981: 11 12.
[300] Die anerkannte Deutung besagt, dass die Symbole repräsentativ für Götter stehen, die die Landschenkung an eine bestimmte Person durch den König besiegeln. Es schließen sich jedoch die beiden Deutungen nicht aus, im Gegenteil sie ergänzen sich vielmehr im Hinblick auf eine vielschichtige Symbolik.
[301] Seidl 1989: Nr. 40.
[302] Seidl 1989: Abb. 4.

Göttertempeln, die ihren Symbolen zufolge meist einem Schlangengott zuzuordnen sind. Die Schlange oben ist für das Wasser aus dem Himmel zuständig (siehe Seite 70).

2.6 Kultbauten mit Schlangenzier?

Es stellt sich natürlich bei so vielen Hinweisen auf Schlangentempel die Frage, ob nicht diese selbst in irgendeiner Form geschmückt waren und welche anderen Hinweise es in den heiligen Bezirken auf Schlangenkulte oder Regenzeremonien gibt. Am Beispiel Uruk (205^{303}) kann man dies nachvollziehen. Im heiligen Bezirk von Uruk sind zwei Kultstätten bekannt: Kullaba (An-Heiligtum) und Eanna (Inanna-Heiligtum). Ein Vergleich des An-Heiligtums mit der Kultanlage Enkis in Eridu (Eengurra) zeigt,[304] dass diese beiden nahezu identisch sind. Aus dem Eanna-Bezirk sind uns zahlreiche verbrannte Tierknochen überliefert, die auf Tieropfer hindeuten.[305] Es handelt sich bei den zwei Komplexen möglicherweise einmal um den Wasserschlangengott und zum anderen um die Erdgöttin. Zudem ist der Eingang zum Kultbezirk mit Steinstiftmosaiken geschmückt, die an Schlangenmuster erinnern (206^{306} und 207^{307}). Eine bislang ungedeutete vertiefte Anlage[308] kann möglicherweise als Wasserbecken für Regenzeremonien gedient haben, wie man es aus dem Iran (Kurangun) und auch aus Dilmun (Babbar Tempel) kennt. Interessant in diesem Zusammenhang ist auch, dass der Regenbogen als literarischer Name Uruks bekannt ist.[309] Die Tradition, zwei verschiedene Tempelanlagen nebeneinandner zu errichten, nämlich Hoch- und Tieftempel, zeigt m. E. einerseits die Zusammengehörigkeit von männlicher und weiblicher Gottheit, basierend auf den Urelementen Wasser und Erde.[310] Und zum anderen spiegelt sich darin die Komplexität des Weltbildes, das sich sowohl in vertikaler, als auch in horizontaler Ebene ausdrückt.

---

[303] Roaf 1990: 63.
[304] Edzard 1997: 163.
[305] Möglicherweise Ziegenknochen, da man aus den Einführungsszenen weiß, dass dem Schlangengott immer Ziegen geopfert werden. Boehmer 1995: 44.
[306] Hrouda 1991: 300.
[307] Roaf 1990: 62.
[308] Roaf 1990: 63. Great Court.
[309] Black/Green 1992: 153.
[310] Nur beide gemeinsam können den Lebenskreislauf aufrechterhalten und ständig erneuern.

Kapitel 3

Textquellen

Nachdem sich das vorangegangene Kapitel eingehend mit dem Bildmaterial aus Mesopotamien und Iran beschäftigt hat, soll nun das Textmaterial besprochen werden. Erinnert man sich daran, was über das chronologisch versetzte Auftreten von Bild und Schrift und dessen Bedeutung gesagt wurde (siehe Seite 29), so kann man mit der Erwartungshaltung an die Textquellen herangehen, dass überall im Reich Stadtgottheiten mit einer gemeinsamen Basis, wie Fruchtbarkeit, aber verschiedenen Schwerpunkten (z. B. Macht, Gerechtigkeit) verteilt sind, um dem Reich die notwendige Stabilität zu verleihen.[1] In welchem Zusammenhang die Schlangengötter zu den Stadtgottheiten stehen, welche Attribute und Eigenschaften sie verbindet, wird im Folgenden erörtert. In einem zweiten Schritt werden Entwicklungsgeschichte und Bedeutung der Schlangengötter nachgezeichnet.

3.1 Chtonische Schlangengötter

Die kanonische Götterliste An-Anum beginnt mit der Aufzählung von Unterweltsgottheiten: Ereškigal, gefolgt von ihrem Sohn Ninazu, seinem Sohn Ningizzida, Tišpak, dem Nachfolger Ninazus als Stadtgott von Ešnunna, Inšušinak, dem Stadtgott von Susa und Ištaran, dem Stadtgott von Der. Alle sind in der Region jenseits des Tigris beheimatet. Nicht alle von ihnen sind gut dokumentiert, aber für alle ist ein Bezug zur Schlange nachgewiesen.[2]

3.1.1 Ereškigal

Ereškigal, die Königin der Unterwelt, herrscht über die Toten und hat keine oberirdische Stadt. Wie Ningizzida ist sie in späten astrologischen Texten mit der Konstellation Hydra ($^{muf\,6}$MUŠ) verbunden, einer langen Schlange mit Löwenvorderpfoten, ohne Hinterbeine, mit Flügeln und mit einem *mušḫuššu* ähnlichem Kopf.[3] Die meisten Darstellungen dieser Art stammen aus neuassyrischer Zeit,[4] doch Abbildung 127 aus der Akkad-Zeit könnte durchaus ein Vorläufer dieses Typs sein. Der babylonische

---

[1] Erstes Beispiel ist das Akkad Reich, doch das Prinzip wird bis ins 1. Jt. v. Chr. fortgeführt.
[2] Wiggermann 1997: 34.
[3] Wiggermann 1997. 34.
[4] Wiggermann 1997: Abb. 1.

Name der Schlange war vermutlich *bašmu* (siehe Tišpak und Vizier Seite 61). Der Botschafter Ereškigals, Mutum,[5] wird in dem spätassyrischen Text "Die Unterweltsvision" ebenfalls mit einem *mušḫuššu* Drachenkopf beschrieben[6] (Traum). Ereškigal konnte man bislang keine Darstellungen zuordnen. Es gibt jedoch einen, wenngleich esoterischen Text, in dem Ea dem Apzu gleicht, Apzu als das Meer und das Meer als Ereškigal beschrieben wird.[7] Man hätte somit mit Ereškigal neben Enki[8] einen weiteren Namen für den Apzu, also letztendlich den männlichen und weiblichen Teil, der aus dem Urozean ᵈNammu geboren wurde. Diese Gleichsetzung kann als Hinweis auf die Zweigeschlechtlichkeit des Urozeans gewertet werden: Ama-tu-an-ki = ᵈNammu[9] ("Mutter, die Himmel[10] und Erde geboren hat"). Ama-an-ki wird als Enki verstanden und mit "Herr des Himmels und der Erde" übersetzt, was bedeutet, dass Enki schon von ᵈNammu geboren wurde.[11] Diese Zweigeschlechtlichkeit hat man auch bei den frühesten Schlangenarten festgestellt (siehe Seite 14). Erst der heilige Berg *duku* trennte die Einheit AN und KI voneinander und Enlil, der Herr des Sturmwindes[12] mit seiner Stadt auf dem heiligen Berg, war geboren. Wie bei Enki, so endet auch mit Enlil[13] die zweigeschlechtliche Urwelt und ein neuer Abschnitt der Schöpfung, das dualistisch geprägte Leben auf Erden beginnt.[14] Die Urelemente existieren jedoch, wenn auch unter anderem Namen weiter. ᵈNammu wird zum watery deep und in Enuma Eliš zu Tiamat.[15]

Enki und Ereškigal repräsentieren die Aspekte Wasser und Erde dieses Urgrundes (siehe Dilmun Seite 69). Während der männliche Part dieser Gottheit zunächst als Weltordner und Kulturbringer auftritt und seine Persönlichkeit im Laufe der Zeit in anthropomorphe Wasser-, Stadt- und Kriegsgottheiten aufspaltet, bleibt der weibliche Part als Fruchtbarkeits- und Unterweltsgöttin erhalten, in Form von Ištar erhält jedoch auch sie im Laufe der Zeit einen kriegerischen Aspekt.[16]

Aber es lenken noch zwei weitere Götter die Elemente Wasser und Erde, nämlich An[17] und Inanna, jedoch mit dem Unterschied, dass sie im Gegensatz zu Enki der Bezug zum Himmel, also zum Regenwasser kennzeichnet.[18] Aus Texten weiß man, dass

---

[5] Mūtum heißt übersetzt u. a. Tod, aber auch Ehemann. Wiggermann 1997: 35.
[6] Wiggermann 1997: 34.
[7] Garelli 1993: 123.
[8] Enki hat zahlreiche Bezeichnungen, darunter auch König, Herr und Fürst des Apzu. RLA 1938: Enki, 377.
[9] RLA 1998: Nammu, 137.
[10] Der Begriff Himmel umfasst sowohl Regenwasser, wie auch Grundwasser (An Enki). Die Erde schwimmt sozusagen auf dem Grundwasser und wird nach oben von Regenwasser umgeben.
[11] RLA 1938: Enki, 377.
[12] Später auch Herr des Landes und der Menschen. Enlil folgt der Anugruppe und hat 42 Ahnen vor sich, mit dem Ausgangspaar Enki und Ninki. RLA 1938: Enlil, 382 390.
[13] Enlil kommt die Aufgabe zu, dem Gebirge das Getreide zu bringen, wohingegen Enki für das Getreide im Marschland zuständig ist. Auch Enlil wird wie Enki mit Ziegenmerkmalen beschrieben: "Enlil hebt wie ein Steinbock die Vorderbeine". Römer/Edzard 1993: 360 361.
[14] Auch Enlil wird als "Herr von Himmel und Erde" bezeichnet. Selz 1992. 201.
[15] RLA 1993 97: Meer, 1.
[16] Groneberg 1986: 30.
[17] Zur Austauschbarkeit der Götter An und Enlil siehe Selz 1992: 200.
[18] Da der Himmel in Texten als aus verschiedenen Gesteinsschichten bestehend beschrieben wird, kann man davon ausgehen, dass der heilige Berg *duku* gemeint ist, der von An regiert wird. Erst spät gewinnt Enlil diese Position, der einst nur Herr des Sturmwindes war, sich aber später bis zum Herrn über die Menschen vorarbeitete. RLA 1972 75: Himmel, 411 412.

Inanna Ereškigals jüngere Schwester ist.[19] Es handelt sich möglicherweise nur um verschiedene Varianten ein und derselben Muttergottheit, die je nach kosmologischer Vorstellung anders genannt wird, wie dies ja auch bei der männlichen Gottheit Enki und An der Fall ist. So vertreten m. E. Enki und Ereškigal die Marschlandkosmologie mit Betonung auf Grundwasser und An und Inanna die Berglandkosmologie mit Betonung auf Regenwasser (siehe Tabelle Seite 90).[20]

Bei den im Folgenden besprochenen Schlangengöttern können auch jeweils Bezüge zur Unterwelt (Grundwasser), wie auch zum Himmel (Regenwasser) nachgewiesen werden.

Hier nicht näher ausgeführt werden alle weiteren Bezeichnungen der Muttergottheiten, die jeweils komplementär zu den Schlangengöttern entstehen.

3.1.2 Ninazu

Ninazu, der Stadtgott von Ešnunna, bekannt als "Lord Healer", ist ein Sohn von Ereškigal oder manchmal auch ihr Ehemann. In altbabylonischen Gesängen ist er der König der Schlangen und steht meist in Verbindung mit dem Tod und dem Reich der Toten.[21] Er wird aber ebenso als Gott des Frühjahrsregen angesehen,[22] was ihn in Beziehung zum Himmel, und somit zu An, stellt.[23] Die zwei Bezüge zu Erde und Himmel lassen an den Wechsel von Trocken- zu Regenzeit denken, der in vielen Kulturen symbolisch durch die Transformation der Schlange in einen Vogel zum Ausdruck kommt.[24] Das Thema des jährlichen Zyklus wird bei Dumuzi[25] und Inanna[26] klar beschrieben, wenn sich beide halbjährlich mit dem Gang in die Unterwelt ablösen. Dass es sich dabei möglicherweise um ein zweigeschlechtliches Wesen handelt, das sowohl als weibliche als auch als männliche Gottheit auftritt, scheint aufgrund von Texthinweisen sowohl für die Muttergottheit, als auch für die Schlangengottheit möglich.[27] In Riten um Inanna finden Kleidertausch und Schaukämpfe von Transvestiten oder Menschen mit Geschlechtsumwandlung[28] statt, was diese Vermutung bestärkt. Auch wird

---

[19] Römer 1993: 458.

[20] Dies wird auch dadurch bestätigt, dass die Igigu und Anunnaku ursprünglich eine Einheit bilden, mit dem einzigen Unterschied, dass die Anunnaku speziell für die Unterwelt nachzuweisen sind. RLA 1976 80: Igigu und Anunnaku, 40 44.

[21] Somit kann man Ninazu einen Bezug zur Unterwelt zuweisen, der in seinem Nachfolger Nergal, dem späteren Gatten der Ereškigal, offenkundig wird. Ninazu in der Rolle des Sohnes befindet sich hingegen auf einer weiteren Entwicklungsstufe. Anders als sein Vater Enki hat er nichts mehr mit Schöpfung und Weltordnung zu tun, sondern spielt eine Rolle als Stadt und Kriegsgottheit. In dieser Position ist Ninazu als Vorgänger von Ninurta ("^{d}Ninurta, König, Keule Ans ... Herr der Gürtelschlange des Himmels, wasche Pfeil und Keule mit Wasser", Römer/Edzard 1993: 437 438.) anzusehen. Wiggermann 1997: 35.

[22] Jacobsen 1987: 59.

[23] Von Ninurta wird im Anzu Epos gesagt: "Ninurta erschlug die Gebirge, ihr wildes Gelände überschwemmte er. Er überschwemmte in seiner Wut die weite Erde. Er überschwemmte das Innere der Gebirge, den bösen Anzu tötete er." Römer/Edzard 1993: 757. Ninurta steht ohne Zweifel in der Schlangengotttradition.

[24] Beispiel China (siehe Seite 82).

[25] Einer der Vegetations und m. E. auch der Schlangengötter. Black/Green 1992: 72.

[26] Inanna als Repräsentantin der Schafe. Römer/Edzard 1993: 458.

[27] Groneberg 1986: 37f.

[28] Die Männlichkeit von *kurgarru* und *issinnu* wurde von Ištar zur Fraulichkeit gewandelt. Groneberg 1986: 35.

Inanna als "bärtige Ištar" bezeichnet (für genauere Ausführungen zur Zweigeschlechtlichkeit der Schlangengötter siehe Seite 72). Diesem Aspekt hat Enki seine "wahre Ziege des Apzu" entgegenzusetzen, d.h. auch er vereint weibliche und männliche Züge.

Ninazus Symboltier ist der Drache *mušḫuššu*,[29] den er mit seinem Sohn Ningizzida teilt.[30]

Ninazus Hauptkultorte sind Enegi, im südlichen Sumer und Ešnunna/Tell Asmar in der Diyala-Region. In Ešnunna entwickelt er sich zu einem Kriegsgott.[31] Eine Tendenz, die uns auch von Inanna/Ištar nicht unbekannt ist, die ja von der Rolle der sumerischen Fruchtbarkeitsgöttin in der Akkad-Zeit zur Kriegsgöttin wechselt.[32] Da fast alles, was Ninazu mit Schlangen in Verbindung bringt, in elamischer Sprache geschrieben ist, und auch sonst seine schlangenhaften Züge in Ešnunna nur gegen Ende des 3. Jt. v. Chr. zur Geltung kommen, kann man annehmen, dass er selbst importiert wurde.[33] Die vielen Schlangen auf Stempelsiegeln im Iran und der Schöpfungsort Bergland in der Nippur-Kosmologie, legen den Ursprung der Idee von Schlangengöttern in diesem Gebiet nahe.

Darstellung Ninazus und seines Viziers

Das akkadische Siegel 161 ist von Beli Bal dem Gott Ibaum[34] geweiht und zeigt Ninazu auf dem Drachen.[35]

Ibaum scheint mit ᵈIppu, dem Vizier Ningizzidas, in An-Anum identisch zu sein, hier jedoch als Vizier von Ninazu. Wie Ereškigal Mutum, Enki seinen Flussgeist *laḫmu*, so haben auch die Schlangengötter einen Vizier. Dieser wird, wie der Gott selbst, anthropomorph dargestellt und hält meist einen Ringstab in der Hand.[36]

3.1.3 Tišpak

Kriegsgott

Über Tišpaks Einführung in Ešnunna weiß man aus dem Labbu-Mythos Bescheid. So rechtfertigt Tišpak seine Herrschaft dadurch, dass er den von Enlil aus dem Meer erschaffenen *mušḫuš* besiegte, bevor dieser die Menschen töten konnte. Wenngleich seine Herkunft unbekannt ist,[37] so scheinen seine Charakterzüge mit denen Ninazus nahezu identisch zu sein.[38] Wie dieser ist auch er ein Kriegsgott, der meist mit ein oder

---

[29] Abgeleitet vom sumerischen *muš-ḫuš* was soviel wie wilde Schlange bedeutet und somit das ursprüngliche Tier beschreibt, das später in den Drachen verwandelt wurde.

[30] Ninazus *mušḫuššu* ist im Gegensatz zu dem von Ningizzida noch nicht geflügelt. RLA 1993 97: mušḫuš, 458.

[31] Wiggermann 1997: 35.

[32] Groneberg 1986: 30.

[33] Van Dijk konnte bei Beschwörungstexten in elamischer Sprache eine Überfremdung feststellen, die vor allem in dem Götterkreis um Ninazu, Tišpak und Ningizzida spürbar ist. Selz 1989: 32.

[34] Aus einem Ebla Text konnte man das sumerische *muš-ama*, eine Schlangenart, mit Ibauum übersetzen. Dies wiederum wurde von M. Civil mit dem hebräischen Wort für Viper in Zusammenhang gebracht. Wiggermann 1997: 37.

[35] Wiggermann zieht Ninazu Tišpak vor, da Ur Ninazu, der Sohn Ninazus, in der Inschrift erwähnt wird. Wiggermann 1997: 37.

[36] Wiggermann 1997: 37.

[37] Wahrscheinlich ist er aus Elam eingeführt worden. Selz 1989: 32.

zwei Keulen[39] in der Hand dargestellt wird. Eine Darstellung, die später mit Ninurta identifiziert wird.[40]

Fruchtbarkeit

Ausserdem hat auch Tišpak Verbindungen zur Unterwelt und zur Fruchtbarkeit. Oft wird er so dargestellt, dass ihm mehrere Schlangen aus den Beinen wachsen während er auf dem Thron sitzt (105 und 113). Er wird zudem mit einem Pflug in der Hand abgebildet. Als Beleg für die Identifizierung mit Tišpak ist ein altbabylonischer Text aus Ešnunna zu werten, der einen bronzenen Pflug unter den Kultobjekten in Tišpaks Tempel erwähnt.[41] Dieser Aspekt der Vegetation passt zudem gut zu den mit Ninazu assoziierten Frühjahrsregenfällen. Und in der Tat wird Ninazu in dem sumerischen Mythos "Wie das Getreide nach Sumer kam" als Ackerbaugott erwähnt, in dem er mit seinem Bruder Ninmada den barbarischen Sumerern Getreide und Flachs bringt,[42] wie dies ja auch für Enki zutrifft, der ebenfalls den Sumerern das Getreide in seinem Boot aus Dilmun bringt.

Tišpak und sein Vizier

Für Tišpak findet man in An-Anum den direkten Hinweis, dass es sich bei der bašmu-Schlange um seinen Vizier handelt, der in anthropomorpher Gestalt dargestellt wird. Es werden zwei Schlangenwesen an Tišpaks Hof erwähnt, nämlich sein Vizier bašmu und sein Berater ᵈUšum-ur-sag. Da es sich bei bašmu um die akkadische Übersetzung von ᵈUšum-ur-sag handelt, was soviel wie Krieger heißt, sind beide ein und dieselbe Person.[43] Dennoch, schreibt Wiggermann, werden fälschlicherweise die löwenköpfigen Schlangen und auch das Monster auf Siegel 120 in der Literatur oft als bašmu angesprochen.[44] Da der Löwe als Symboltier der Inanna/Ištar bekannt ist, können diese löwenköpfigen Schlangen ihr zugeordnet werden.

3.1.4 Ningizzida

Ningizzida ist wie sein Vater Ninazu ein Unterwelts- und Kriegsgott. Man kann davon ausgehen, dass er in Lagaš von Gudea eingeführt wurde, da er dort erst mit diesem auftaucht, wohingegen er in Ešnunna früher schon sehr oft zu sehen ist. Gudea beruft sich auf ihn in Verbindung mit Fruchtbarkeit ("a god of much good progeny"). Sein zweiter Name Gišbanda, junger Baum, ist sowohl in der Nippur-Götterliste enthalten, als auch der Name seines Kultzentrums zwischen Ur und Lagaš. Dieses Zentrum erscheint nicht in Wirtschaftstexten, sondern wird nur in Tempelhymnen als "ehrfurchteinflößender Platz mitten auf dem Feld" genannt.[45]

---

[38] In neusumerischer Zeit werden Tišpak und Ninazu, als akkadische und sumerische Form eines Gottes angesehen, wie die Inschrift des Šulgi aus Ešnunna zeigt. Braun Holzinger 1992: 38.
[39] Es sind Keulen mit verwundenen Schlangen bekannt, manche sogar mit Weihung an einen der Schlangengötter. Wiggermann 1997: 40.
[40] Wiggermann 1997: 37.
[41] Wiggermann 1997: 39.
[42] Wiggermann 1997: 39.
[43] Wiggermann 1992 b: 167 168.
[44] Wiggermann 1997: 39.
[45] Wiggermann 1997: 40.

Schlange und Wurzeln

Interessant ist in diesem Zusammenhang, dass man Schlangen und Baumwurzeln[46] für identisch ansah und demzufolge das Wort Wurzel mit dem Bild überkreuzter Schlangen schrieb.[47] Hierzu passt auch die Geschichte von Inanna, wie sie in ihrem Garten in Uruk einen Baum pflanzt, in dessen Wurzelwerk eine Schlange nistet.

Inanna fischt einen ausgerissenen Baum aus dem Fluss und pflanzt ihn in ihrem Garten in Uruk ein, um daraus später ein Bett und einen Stuhl zu fertigen. Als der Baum jedoch groß genug geworden war, vermochte sie ihn nicht umzuhauen. In seinen Wurzeln nistete die Schlange, die über jeden Zauber erhaben ist und in seiner Krone nistete Anzu.[48]

In der Tat gibt es Texte, in denen Ningizzida im besonderen mit den Baumwurzeln assoziiert wird, während seine Schwester Ninazimua mit den Ästen identifiziert wird.[49] Dies ist m. E. die symbolische Beschreibung des Kosmos, dessen beide Gegenpole Himmel und Unterwelt über die Achse des Baumes zusammengehalten werden.[50] Während die Schlange in ihrer Form als Wurzel Stabilität garantiert, verkörpert der Anzu Vogel, in Gestalt der Baumkrone, das notwendige Gegengewicht. Der Baumstamm steht stellvertretend für die lebbare Welt, deren Ordnung und Stabilität durch die beiden Antipoden garantiert wird und von Inanna, die an anderer Stelle als Katalysator des Lebens angesprochen wurde, nicht aus der Verankerung gerissen werden kann.

Wie aber kam man auf die Idee, Schlangen mit Wurzeln zu identifizieren? Man weiß, dass in mesopotamischer Vorstellung die Erde auf dem Apzu schwimmt und dass Schlangen unterirdisch leben und als Quellen aus der Erde hervortreten. Die Ähnlichkeit der Wurzeln mit der Gestalt von Schlangen, die Tatsache, dass sie Wasser ansaugen und ihre Lage in der Unterwelt sind ausreichend viele Gründe, warum man sie einander gleichsetzt.[51] Die "Wurzelschlangen" beziehen demnach ihr Wasser direkt aus dem Apzu, der selbst mit einer Schlange identifiziert werden kann.[52]

Vorfahren Ningizzidas

Eine Inschrift Gudeas nennt Ningizzida als den ersten Sohn des An. Auch Enki ist laut Götterliste der Erstgeborene des An, was ihn mit Ningizzida auf eine Stufe stellt und somit auch ihn zum Schlangengott macht. Wieder sieht man neben dem Bezug zur Unterwelt auch den Bezug zum Himmel für einen Schlangengott belegt.[53] Die Reihe der

---

[46] Lugalbanda Epos: "...ließ seine Wurzeln wie sàĝ kal Schlangen in dem Flusse Utus mit den sieben Abzweigungen liegen." Römer/Edzard 1993: 512.
[47] Jacobsen 1987: 59.
[48] Egli 1982: 253.
[49] Jacobsen 1987: 59.
[50] Die Assoziation eines Baumes mit der kosmischen Achse kennt man aus vielen Schöpfungsmythen. Eliade 1993: 16.
[51] Schlangen verstecken sich in den Wurzeln von Kulturpflanzen und werden so auf der Welt verbreitet (siehe Seite 14).
[52] In Etanas Flug in den Himmel heißt es, dass der Apzu von oben wie ein Tierkreis aussieht, der die Erde umschließt (siehe Seite 73), was gut mit aus ethnologischen Quellen bekannten, mit Wasser gefüllten Schöpferschlangen zusammenpasst.

Schlangengötter kann somit m. E. erweitert werden: Angefangen mit den zwei wasserbezogenen Aspekten der Schöpferschlange Himmel und Unterwelt, repräsentiert von An und Enki, folgen die als Stadtgottheiten eingesetzten Schlangengötter, nämlich Ninazu, Tišpak und Ningizzida. Wie seine Vorgänger, so wird auch Ningizzida mit dem Schlangendrachen und der bašmu-Drachenschlange in Verbindung gebracht.[54] Späte Texte setzen Ningizzida, wie Ereškigal in Verbindung mit der Konstellation Hydra[55] und mit der vergöttlichten Schlange Nirah. In der Sternkonstellation ist somit das Abbild der unterweltsbezogenen Schlange widergegeben, nachdem sie im Frühjahr in den Himmel gewechselt ist.[56]

Vegetationszyklus und sterbende Götter

In dem sumerischen Klagelied "In the Desert by the Early Grass" werden einige Kulte des 3. Jahrtausends über sterbende Götter unterschiedlicher Herkunft genannt. Dazu gehören nicht nur Dumuzi und die toten Könige, sondern auch eine Anzahl von Göttern aus eben jener Untergruppe der Unterweltsgötter in An-Anum: Ninazu, Ningizzida und Mitglieder seines Hofes, darunter Alla, Allagula und Lugalšude und der nicht zu diesem Clan gehörende Ištaran. Es fehlt lediglich Inšušinak.[57] Da alle sterbenden Schlangengötter eine klare Verbindung zur Vegetation aufweisen, kann man davon ausgehen, dass ihr Tod in Verbindung mit dem Vegetationszyklus steht. Die Götter sterben demnach symbolisch im Herbst und werden im Frühjahr wieder zu neuem Leben erweckt. Ningizzidas Abwesenheit von der Erde stimmt mit der Dumuzis überein, nämlich genau von Mittsommer bis Mittwinter.[58] Einen direkten Hinweis darauf bieten die sumerischen Litaneien und die Adapa Legende, in denen es heißt: "in unserem Land sind zwei Götter verschwunden".[59]

Transformation

Von Dumuzi weiß man, dass er von Utu in eine Gazelle verwandelt wurde, um ihm die Flucht vor den Unterweltsdämonen zu ermöglichen.[60] Diese Verbindung zu Capriden besteht auch für Enki, dem Ziegenfisch. Capriden stehen wiederum symbolisch für Erde und somit für die Muttergottheit und Fruchtbarkeit, also letztendlich für Ereškigal oder Inanna/Ištar.[61] Während der Schlangenteil (Enki) während der Trockenzeit unter der Erde gefangen ist, gelingt dem Capridenteil (Inanna) die Flucht und garantiert somit Fruchtbarkeit auf Erden. Umgekehrt verhält es sich während der Regenzeit,

---

[53] Dies bestätigt die Transformationshypothese von Enki und An beim Wechsel von Trocken zu Regenzeit, wenn die Schlange in Gestalt eines Vogels in den Himmel aufsteigt.
[54] Wiggermann 1997: 40.
[55] Die Assoziation gilt natürlich auch für Inanna/Ištar, Išhara und sonstige Nachkommen der Muttergöttin. RLA 1998: Muttergöttin, 502f.
[56] Die Tatsache, dass sie sowohl die weibliche, als auch die männliche Gottheit darstellt, weist wieder auf die Einheit beider hin.
[57] Wiggermann 1997: 41.
[58] In der Tat wird in einer Babylon Beschreibung Ningizzida und ^{d}MUŠ als Vorgänger von Dumuzi und ^{d}bašmu genannt. Wiggermann 1997: 41.
[59] Wiggermann 1997: 41.
[60] RLA 1993 97: Mischwesen, 237.
[61] Nicht der Name, sondern die Funktion der Gottheit ist m. E. ausschlaggebend, da die Namen sich im Laufe der Zeit immer ändern und auch von Region zu Region unterschiedlich sind.

wenn der Schlangenteil in Gestalt des Vogels (An) zum Himmel aufsteigt und der Skorpion, als negativer Aspekt der Muttergöttin, im Überschwemmungsgebiet Tod und Chaos verursacht.
In dieser Aufspaltung ist m. E. die Zweigeschlechtlichkeit zu erkennen, die es der Gottheit ermöglicht, während der Trockenzeit gleichzeitig als Schlange unter der Erde und als Ziege über der Erde zu sein und diese Stellung während der Regenzeit umzukehren, wenn der Adler und Skorpion über die Schlange und den Capriden die Oberhand gewinnen und durch heftige Regenfälle und Überschwemmungen chaotische Zustände hervorrufen. In der zyklischen Vorstellungswelt wechseln im Laufe eines Jahres immer beide Pole einander ab.

3.1.5 Ninmada

Ferner steht Ninmada, der Bruder Ninazus, in Verbindung zu Schlangen. Es wird gesagt, dass er der Schlangenzauberer von An oder Enlil sei und er seinem Bruder dabei hilft, das Getreide nach Sumer zu bringen. Einmal ersetzt er Ningizzida.[62]

3.1.6 Bootgott

Der Bootgott wird ebenfalls zu den chtonischen Unterweltsgöttern gezählt, konnte aber bislang nicht mit einem Götternamen belegt werden. In Kapitel 2.3.6 wird der Bootgott als halb-anthropomorpher Gott dargestellt, dessen Unterleib in einen Schlangenkörper ausläuft und ein Boot formt. Dieses Wesen fährt durch den kosmischen Ozean und hält Zweige und einen Pflug als Attribute der Vegetation in Händen.[63] Mit dem Mythos "Enki und die Weltordnung" im Hinterkopf muss man sich fragen, ob es sich bei dem Bootgott nicht um Enki handeln könnte, wie er von Dilmun aus mit seinem halblebendigen Boot nach Sumer fährt und den Sumerern das Getreide bringt. Bei seiner Ankunft in Sumer faltet er m. E. seinen Unterkörper zusammen und verwandelt sich im gesamten Gebiet jenseits des Tigris in verschiedene Stadtgottheiten, was durch die Einsetzung seiner Kinder zum Ausdruck kommt. In Eridu erbaut er sein Haus des Apzu, das dem Ekur (Tempel des Berges) Ans/Enlils in Nippur gegenübergestellt wird.[64] Alle in An-Anum erwähnten Schlangengötter sind demnach nur verschiedene Aspekte An/Enlil/Enkis, dargestellt in anthropomorpher Form, deren Bezug zueinander durch ihre Abstammungslinie, ihre Eigenschaften und ihre Schlangenattributtiere erhalten bleibt. Natürlich haben nicht alle Götter die gleichen Schwerpunkte, wie sich dies auch in ihren Namen ausdrückt, deren Bedeutung eng mit ihrer jeweiligen Aufgabe als Stadtgottheit verbunden ist. So wird Ninazu als Heiler angesehen, während Tišpak schon eher zu einem Kriegsgott avanciert. Ištaran ist für Gerechtigkeit zuständig.[65] All die verschiedenen Aspekte der von Enki eingesetzten Stadtgötter

---

[62] Wiggermann 1997: 42.
[63] Bei Ningizzida wurde bereits ein Bezug der Schlangen zu Wurzeln und zum Apzu festgestellt. Die Attribute deuten eindeutig auf den Vegetationsaspekt der Schlangengötter hin, deren Ursprung An/Enlil/Enki zu sein scheint.
[64] Wie Enlil sein Haus auf dem Gipfel des *duku* Berges, aus dem er als Gott hervorgegangen ist, er richtet, so baut Enki sein Haus des Apzu, als er als Gott aus dem Wasser auftaucht. Diese beiden Häuser sind in Nippur und Eridu nachgebaut. Edzard 1997: 161.
[65] Wiggermann 1997: 35ff.

sind in Enki selbst vereint, was seine vielen verschiedenen Namen, in denen das ganze Spektrum seiner Zuständigkeitsbereiche auf Erden genannt wird, zeigen: Herr des Apzu, König des Flusses, Steinbock des Apzu, Richter des Weltalls, Herr des Lebens, Herr der Schöpfung, aber auch Herr der Töpfer, Schmiede, Sänger, Schiffer, kalū-Priester,[66] Ackerbauern, Bewässerer usw.[67] Notwendig wurde diese Aufteilung der vielen Aspekte eines Gottes meiner Ansicht nach mit zunehmender Staatsgröße. Es sei an dieser Stelle nocheinmal auf die von Selz angenommene Amphiktyonie (siehe Seite 29) des Staatsaufbaus hingewiesen, dessen Funktionieren sich durch das geschickte Verteilen wichtiger Aufgaben im ganzen Herrschaftsbereich (erstmals zu sehen im Akkad-Reich) erklären lässt.

Dank der Rollsiegeldarstellungen kann man das Wie und Wann des Umwandlungsprozesses von Enki in seine anthropomorphen Nachfolger nachvollziehen. Die Szenen mit Bootgott finden sich auf frühdynastisch-II-zeitlicher bis akkadzeitlicher Glyptik, der Gott mit Schlangenunterkörper dagegen ausschließlich in der Akkad-Zeit. Gleichzeitig mit diesen Darstellungen treten die, durch Schlangen und Schlangendrachen gekennzeichneten, anthropomorphen Götter auf.

3.1.7 Ištaran

Ištaran, der Sohn des Himmels An und der Erde Uraš, ist der Stadtgott von Der, einer wichtigen Verbindungsstadt[68] zwischen elamischem Hoch- und sumerischem Tiefland. Auch er vereint die Elemente Wasser und Erde in sich. Im Gegensatz zur Enkikosmologie handelt es sich hier jedoch um Wasser aus dem Himmel. Diese unterschiedliche Herkunft des Wassers ist ein wichtiger Unterschied iranischer und mesopotamischer Vorstellungen.[69]

Jahreszyklus

Wie seine mesopotamischen Kollegen ist auch Ištaran einer der sterbenden Götter in den sumerischen Litaneien. In einem späten Assurtext wird ein Ritual beschrieben, das im Mittsommer stattfindet, in dem Ištaran wie Dumuzi von seiner Schwester Ištar beklagt und zu ihrem Tempel geführt wird.[70] Dort wird er solange geschlagen, bis das Blut aus seinem Körper in die Unterwelt fließt.[71]

Gerechtigkeit

Neben diesem Jahreszyklusaspekt wird Ištaran Ende des 3. Jt. v. Chr. in Sprichwörtern auch eine Funktion als Schiedsrichter zugeschrieben. So sprechen z. B. die Könige

---

[66] Priester, die unter Paukenbegleitung Reinigungsriten ausführen. Römer/Edzard 1993: 604.
[67] RLA 1938: Enki, 377.
[68] Selz 1989: 29.
[69] Da sich die mesopotamische Kosmologie erst später entwickelt hat, muss man annehmen, dass sie einen Großteil der Vorstellungen aus dem Iran übernommen hat, wie dies auch in den Namen der Schlangengötter immer wieder zum Ausdruck kommt. Selz 1989: 31 32.
[70] Wiggermann 1997: 42.
[71] Blutopfer als Austausch für neues Leben entsprechen der zyklischen Vorstellung, dass man von der Natur nur etwas erwarten kann, wenn man ihr auch wieder etwas zurückgibt (siehe Anden Seite 80).

Recht wie Ištaran.⁷² Eine Passage auf der Geierstele bekräftigt die Beziehung von Schlange und Gerechtigkeit: Wird der Eid von Ninki gebrochen, so heißt es:

> May the lady of the earth let a snake from out of the earth bite him in his foot.⁷³

Der Aspekt der Gerechtigkeit wird auch Išhara zugewiesen, die mit Ištar gleichzusetzen ist und im hurritisch/hethitischen Pantheon als Gattin des Mondgottes,⁷⁴ dem Herrn Eid auftaucht (siehe Seite 20).

Ištaran und der Regenbogen

Ištaran steht auch in Beziehung zum Regenbogen. Seinem Namen nach ist er eine semitische Venus ("Great An") und in späten theologischen Texten mit Manzât, dem Regenbogen verheiratet.⁷⁵ In der jungbabylonischen Omensammlung ACh Ištar heißt es, dass Venus am Morgenhimmel (im Osten) eine Frau und am Abend (im Westen) ein Mann sei.⁷⁶ Diese Bisexualität, die sich zyklisch immer in einem Geschlecht ausprägt⁷⁷ kann m. E. auch für Ištaran angenommen werden, zumal sein Name ja auch aus den beiden Göttern Ištar und An zusammengesetzt ist, er also Erde und Wasser in sich vereint.

Die Darstellung seiner Regenbogengattin ähnelt sehr den Darstellungen der Vegetationsgottheit aus dem Ostiran.

Nirah als Fluss

Ištarans Schlange Nirah ist sein Sohn und Bote und in einem späten Text werden beide sogar gleichgesetzt.⁷⁸ ᵈNirah, ist aber nur eine Lesung von ᵈMUŠ, was auch als ᵈIrhan gelesen werden kann und dann den vergöttlichten Euphrat, in Form einer Schlange meint (semitisch Arahtu).⁷⁹ Wenn man dann noch weiß, dass ᵈMUŠ nicht nur mit Ištaran und Ningizzida, sondern auch mit Enki assoziiert wird (in einer Textstelle wird er "gugu4-apzu" genannt),⁸⁰ dann muss man an Etana und den Apzu und die ethnologischen Quellen denken, in denen Schöpferschlangen auch mit Flussläufen gleichgesetzt werden (z. B. Australien). Die Diener der Schlangengötter, im Falle Enkis war dies *laḫmu* und hier ᵈNirah, sind dafür verantwortlich, dass der Süßwasserfluss, der mit der Schlange gleichgesetzt ist, in der Regenzeit mit Wasser gefüllt wird.

---

⁷² Wiggermann 1997: 42.
⁷³ Wiggermann 1997: 34.
⁷⁴ Auch dieser steht als Sohn Enlil und Ninlils in der Linie der Schlangengötter. Es heißt auch, dass u. a. Ninazu als Ersatz für den Mondgott geschaffen wurde, damit während der Mond am Himmel steht, ein Ersatzgott in der Unterwelt ist. Römer/Edzard 1993: 421f. Sein Bezug zum Wasser drückt sich m. E. in Ebbe und Flut aus.
⁷⁵ Wiggermann 1997: 44.
⁷⁶ Groneberg 1986: 31.
⁷⁷ Dies gilt demnach nicht nur für den jährlichen Wechsel, sondern auch für den Tagesablauf.
⁷⁸ Wiggermann 1997: 42.
⁷⁹ Wiggermann 1997: 43.
⁸⁰ Wiggermann 1997: 43.

Ištaran, der Gott mit Schlangenunterkörper?

Die Schlangenzüge Ištarans machen für Wiggermann eine Gleichsetzung mit dem Gott mit dem Schlangenunterkörper aus der Akkad-Zeit wahrscheinlich (138-147).[81] Dieser Identifikation kann man meiner Meinung nach nicht zustimmen. Der Grund sind die Beobachtungen bezüglich Enkis Gleichsetzung mit dem Bootgott und seiner Niederlassung als Stadtgott, in Form des Gottes mit dem Schlangenunterkörper. Deshalb wird Ištaran eher in dem iranischen Gott auf dem Schlangenthron zu sehen sein.[82] So ordnet sich Ištaran m. E. als Weiterentwicklung des iranischen Ziegen-"Dämons" den mesopotamischen Schlangengott Enki symbolisch unter, indem er sich auf ihn setzt. Wie der Name Ištaran schon vermuten lässt, handelt es sich möglicherweise um den aus mesopotamischen Quellen bekannten Gott An, der neben Enki als Schlangengott anzusehen ist[83] und mit dem Bergland und den Frühjahrsniederschlägen und somit auch mit der Wasserregulierung der Flüsse in Zusammenhang steht. Seine voranthropomorphe Darstellung auf Stempelsiegeln kennt man unter dem Begriff des Ziegen-"Dämons".

3.1.8 Inšušinak

Inšušinak, ein sumerischer Gott auf elamischem Gebiet, ist Stadtgott von Susa. In Sumer wird er schon in der Götterliste von Abu Salabih erwähnt und wurde in Susa höchstwahrscheinlich in der Urukzeit eingeführt.[84] Aus elamischen Texten ist nicht viel über ihn zu erfahren, aber mittelbabylonische Begräbnistexte aus Susa belegen, dass er in der Unterwelt residierte, wo die Toten ihm von Lagamal und dem göttlichen Richter Išme Karab vorgeführt wurden.[85] Wie schon vorher Tišpak und Ninazu, wird er in späten Texten mit Ninurta identifiziert. Den bislang fehlenden Bezug zu Schlangen oder Drachen hat Miroschedji in der Stele des Untaš-Napiriša (198) aus dem 13. Jh. v. Chr. gefunden, die Inšušinak geweiht ist.[86] Wie schon am Beispiel Ištarans festgestellt wurde, so kann auch bei Inšušinak auf dem Schlangenthron nicht von einer akkadischen Renaissance gesprochen werden. Auch für Inšušinak ist anzunehmen, dass es sich um die anthropomorphe Darstellung des Ziegen-"Dämons" handelt, der mit Ring und Stab auf seinem Schlangenthron sitzt und so die Unterordnung Enkis ausdrückt.[87]

3.1.9 Zeit der großen Reiche

Marduk

In babylonischer Zeit sind es Marduk und sein Sohn Nabu, die den *mušḫuššu*, das Attributtier der Schlangengötter, weiterverwenden, nachdem sie ihn von Tišpak

---
[81] Wiggermann 1997: 44.
[82] Auf die Unterordnung der jeweils höchsten Gottheit der fremden Kosmologie in die eigene Kosmologie wurde bereits hingewiesen (siehe Seite 46).
[83] Beide Namen vereinen den weiblichen und männlichen Aspekt und zwar einmal als Götternamen Ištar und An und zum anderen als Ziegen Fisch.
[84] Wiggermann 1997: 44.
[85] Wiggermann 1997: 45.
[86] Miroschedji 1981: 10.
[87] Umgekehrt wird der Ziegen "Dämon" in Gestalt des *laḫmu* in Mesopotamien Enki untergeordnet.

übernommen haben.[88] Marduk, der wie auch Enlil als Sohn Enkis genannt wird, zeigt deutlich, dass er den Machtaspekt Enlils und den Schlangenaspekt Enkis in seiner Person vereint. Dies muss als Resultat aus der Kombination von Enlil- und Enkikosmologie gewertet werden, was auch dadurch klar wird, dass die Trias jetzt An - Marduk - Ea heißt.[89] Wie sehr man zur Zeit Marduks an die Macht des Schlangengottes glaubt, sieht man daran, dass Babylon als erste Stadt nach Eridu in Enuma Eliš genannt wird. Dies zeigt eine direkte Parallele zwischen Eridu - Enki und Babylon - Marduk. Das Symbol Marduks wird als Spaten beschrieben,[90] doch werden Schlangen vor allem im Iran immer mit dreieckigem Kopf dargestellt, was zusammen mit Marduks Stand in der Schlangengottreihe eine Umdeutung erfordert. Marduk hält somit einen symbolischen Schlangenstab in der Hand.[91]

Assur

Ausblickend auf das erste Jahrtausend stellt man fest, dass sich die Schlangengott-Tradition fortsetzt. Marduk, der Hauptgott der Babylonier wird zu Assur, dem Hauptgott der Assyrer. Begleittier Assurs und auch anderer mit dem Schlangengott in Verbindung stehender Gottheiten wie Ninurta, ist nicht allein der Schlangendrache, sondern auch der Löwendrache, der perspektivisch hinter dem Schlangendrachen angebracht ist.[92] Löwen- und Schlangendrache stehen symbolisch für die bösen Kräfte, die beide von Assur bezähmt werden können. In diesen Zusammenhang sind auch die Löwenjagden zu stellen, die ein symbolisches Nachspielen des jährlichen Kampfes zwischen *laḫmu* und Löwe darstellen. Dies beweist m. E. wiederum, dass sich der König als direkter Nachkomme des Schlangengottes sieht.

3.1.10 Zusammenfassung

Anhand der einzelnen Beispiele kann festgestellt werden, dass sich die zwei verschiedenen Kosmologien regional auch auf die Schlangengötter auswirken. Im Bergland Iran, dessen Landwirtschaft von Niederschlägen abhängt, stehen die Schlangengötter in direkter Beziehung zum Himmel. In Mesopotamien dagegen wird mit Kanälen bewässert, die aus dem unterirdischen Süßwasserbrunnen, dem Apzu, gespeist werden. Es wird auch klar, dass Himmel und Unterwelt eine Einheit bilden und deshalb sowohl die unterwelts- als auch die himmelsbezogenen Schlangengötter letztendlich auf das Urelement Wasser zurückzuführen sind. Enlil als Trenner von Himmel und Erde ist jünger als die Schlangengötter, steht dafür aber als weltlicher Herrscher im Mittelpunkt (Weltbildmodell Abbildung 209[93]). All den mit Wasser in Beziehung stehenden Schlangengöttern wird jeweils eine Erd- und Fruchtbarkeitsgöttin gegenübergestellt.

---

[88] RLA 1998: Nabû, 21.
[89] Von dieser Zeit an ist Ea nur noch als Wassergott bekannt, der Schlangenaspekt lebt m. E. in Marduk fort.
[90] Black/Green 1992: 168.
[91] Eine Textstelle im Lugalbanda Epos geht m. E. darauf ein: "Der Anzu spricht: Wie Schara, der geliebte Sohn der Inanna, lasse deinen (mit) Widerhaken (versehenen) Pfeil wie das Sonnenlicht aufleuchten, lasse... wie das Mondeslicht aufleuchten, möge der (mit) Widerhaken (versehene) Pfeil, wenn er die Menschen trifft, eine Mutterleibschlange sein,...." Römer/Edzard 1993: 519.
[92] Seidl 1998: 106.
[93] Golzio 1983: Abb. 9.

Die zweigeschlechtlichen Züge beider Parteien beweisen schließlich, dass zeitgleich ein Teil der Gottheit unter und ein Teil über der Erde verweilt. In der Trockenzeit versteckt sich Enki als Schlange unter der Erde, während sein weiblicher Teil in Form der Ziege auf der Erde lebt. Gleiches gilt auch für Adler und Skorpion während der Regenzeit. Die Schlange verwandelt sich in einen Adler und der Capride in einen Skorpion, um so die veränderte Umweltsituation in der Regenzeit auszudrücken.

3.2 Schöpfungsmythen und Epen

Um die schon aufgestellten Thesen über Verbindungen von Göttern zu Schlangen zu untermauern, werden Textquellen noch genauer untersucht.

3.2.1 Dilmun-Mythos

Der Dilmun-Mythos gilt als einer der wenigen ursprünglichen Schöpfungsberichte, in denen Enki als Schöpfergott genannt ist. Es wird erzählt, dass Enki zu einer Zeit als Himmel und Erde erst kurze Zeit getrennt waren, in Dilmun, das als paradiesähnlich beschrieben wird, noch schläft und zwar mit seiner jungfräulichen Gattin Ninsikila. In zahlreichen Texten, angefangen vom Mythos "Enki und Ninhursag" über die Eridu-Genesis bis zum Epos "Enmerkar und der Herr von Aratta", wird dieser angebliche Paradieszustand beschrieben:

> Mankind ... the high desert ... In those days no canals (were opened), (no dredging was done) at dikes and ditches on dike tops, the seeder plough and ploughing (had not yet) been insituted for the countless overwhelmed people). No one of all the countries (was planting in furrows), mankind of those (distant days) since Shakkan (had not yet come out on the dry land, did not know arraying (themselves in prime cloth), mankind (walked about naked). In those days, there being no snakes, (being no scorpions), being no lions, (being no hyenas), being no dogs, (no wolves), mankind (had no opponent), fear (and terror did not exist).[94]

Meiner Ansicht nach ist hier der Übergang von chaotischen Verhältnissen in eine zivilisierte Welt beschrieben.[95] Ninsikila löst diese Veränderung aus, indem sie Enki bittet, das notwendige Wasser zu schaffen, woraufhin Enki aus dem Salzwasserbrunnen einen Süßwasserbrunnen macht, der die Stadt Dilmun in einen Getreidespeicher verwandelt. In einem nächsten Schritt kann in der Vermählung Enkis mit der Muttererde Nintu, aus Wasser und Erde das Leben gezeugt werden.[96] In der Berglandkosmologie handelt es sich entsprechend um das Paar Enlil und Ninhursag, wobei man auf den Unterschied hinweisen sollte, dass Enlils Vater An den Samen spendet und nicht Enlil selbst.[97] An der Stelle, an der die von Enki geschaffene Quelle an die Oberfläche tritt, wird eine Tempelanlage errichtet, die mit einem Frischwasserkult in Verbindung steht und Anlagen in Mesopotamien sehr ähnlich ist.[98] Mit seinen vielen Grabhügeln

---

[94] Alster 1983: 56 57.
[95] Die Tatsache, dass gefährliche Tiere erst mit der Zivilisation dem Menschen das Leben schwer machen, scheint der Preis zu sein, den man für Kultur zahlen muss.
[96] Garelli 1993: 111 117.
[97] Pettinato 1971. 62 63.

scheint die Insel Dilmun[99] eine ideale Entsprechung des Kosmos in Kleinformat abzugeben. Die Insel (=Erde) wird vom Meer umgeben (=Urozean), Enlil/Ninhursag werden durch die Grabhügel dargestellt und Enki tritt als Süßwasserquelle aus dem Urozean hervor. In "Enki und die Weltordnung" wird Dilmun selbst als KUR, also Berg bezeichnet.

> He (Enki) cleansed and purified the KUR Dilmun, set Ninsikilla in charge of it.[100]

Meines Erachtens wurde, da so viele Grabhügelanlagen vorhanden sind, jedes Jahr im Zuge ritueller Feste die Schöpfung nachgespielt. Wahrscheinlich sind es Regenzeremonien, wie man sie aus Mesopotamien in Verbindung mit den sterbenden Vegetationsgöttern kennt. Auf Dilmun handelt es sich vielleicht noch um den ursprünglichen Schlangengott Enki, der sogar symbolisch in Form von Schlangen bestattet und in jährlich wiederkehrenden Zeremonien wieder zum Leben erweckt wurde, um erneut Fruchtbarkeit zu spenden. Diese Beschreibung passt auch zur Lebensweise der Schlangen, die sich regelmäßig zum "Winterschlaf" in Höhlen zurückziehen, aus denen sie erst im Frühjahr wieder auftauchen, wenn die Regenfälle einsetzen. Schlangen waren demnach ein Indikator für den einsetzenden Frühjahrsregen.[101] Neben den Schlangenskeletten wurden auch Grabbeigaben von Perlen gefunden,[102] die auf die Weisheit des Gottes Enki anspielen. Diese Weisheit oder dieses Wissen wurde dann möglicherweise in Initiationsriten auf den Initianden übertragen (siehe Australien Seite 82).

3.2.2 Enki und die Weltordnung

Nachdem Enki das Leben geschaffen hatte, musste er in einem nächsten Schritt die Welt ordnen. "Enki und die Weltordnung" handelt davon, wie Enki als aktiver, produktiver Organisator und Verwalter, die für die Kultur wichtigen Prozesse lenkt, indem er die verschiedenen Gottheiten in ihre irdischen Verantwortungsbereiche einweist.

Enki begibt sich auf eine Schiffsreise, um dem Lande Sumer und Ur, genauso wie dem Fremdland Meluhha ein günstiges Schicksal zu entscheiden. Den Feindländern Elam und Marhaši kündigt er die Zerstörung ihrer Wohnsitze und die Plünderung ihrer Güter durch den König des Landes Sumer an. Zum Abschluss schenkt er noch den Mardubeduinen das Getier der Steppe. Zurück in Sumer füllt Enki Euphrat und Tigris mit Wasser:[103]

> Nachdem ... der Vater Enki sich dem Euphrat genä(hert) hatte, trat er wie ein stößiger Stier angriffsbereit zu ihm hin. Er hebt den Penis,

---

[98] Man vergleiche dazu die Wasserbecken des Babbar Tempels und einer ähnlichen Anlage in Uruk (205).
[99] Für die Identifikation mit der Insel Bahrain siehe Alster 1983: 44.
[100] Alster 1983: 61.
[101] Der Negativbefund von Schlangenbestattungen in Mesopotamien, lässt m. E. vermuten, dass nur Enki persönlich als Schlange gedacht und als solche bestattet wurde. Alle von ihm eingesetzten Schlangengötter werden ja schon anthropomorph dargestellt, so dass die Bestattungstradition auf Bahrain beschränkt bleibt.
[102] Bailon 1997: 142 144.
[103] Römer/Edzard 1993: 402.

vollzieht den Geschlechtsakt, (füllte) in den Euphrat dauernd fließendes Wasser, ... Der Tigris (drängte sich) ihm wie ein stößiger Stier zur Seite, er hob den Penis, brachte die Hochzeitsgabe ... .[104]

Anschließend ordnet Enki die verschiedenen Bereiche des wirtschaftlichen und kulturellen Lebens und setzt verschiedene Gottheiten als verantwortliche Leiter ein.[105] Es handelt sich hier um die bereits besprochenen Schlangengötter. Da Enki Inanna als einziger Gottheit keine Aufgabe zugewiesen hat, beschwert sich diese zu Unrecht, wie Enki meint, da sie doch Liebes- und Kriegsgöttin sei. Diese Rolle macht Inanna so wichtig für den zyklischen Ablauf des Jahres, da sie sozusagen Auslöser für den Kampf zwischen Gewittergott und Schlangengott ist. Diese Hypothese geht aus dem Gilgameš-Epos deutlich hervor: Ištar, die von Gilgameš verschmäht wird, fordert von ihrem Vater Anu den Himmelsstier, um die Stadt Uruk zu zerstören.[106] Gilgameš und Enkidu gelingt es aber, den Himmelsstier zu besiegen[107] und somit die drohende Katastrophe abzuwenden. Diese Geschichte ist sicher auf zwei Ebenen zu deuten, einmal auf der der Macht, wenn es um den drohenden Niedergang der Stadt Uruk geht, aber auch auf der kosmologischen, wenn es darum geht, den jährlichen Zyklus zu erklären. Der Kampf des Schlangengottes gegen den Wettergott wird hier auf die weltliche Ebene transponiert, in der Gilgameš gegen den Himmelsstier kämpft. Dass der Kampf zugunsten der Schlangenseite ausgegangen sein muss, zeigt die Schlussbemerkung des Textes, in der es heisst, dass von da an die urzeitlichen Frühjahrsüberschwemmungen und das Land Sumer in Ordnung waren.[108]

3.2.3 Atramhasis-Mythos

Im Atramhasis-Mythos wird von der Schöpfung der Menschen aus einem androgynen Wesen berichtet.[109] Ausgangspunkt ist die Rebellion der Igigu-Götter gegen ihre Frondienste für Enlil. Sie wollen, dass ihre Kanalarbeiten von Menschen übernommen werden. Diese sollen durch die Schlachtung eines "Gottes mit planvollem Verstand" geschaffen werden. Aus dem Text, der leider an wichtigen Stellen abgebrochen ist, geht hervor, dass *edimmu*[110] einige Zeilen früher als *lullu* (=Urmensch) beschrieben wird. Nach einer Lücke fährt der Text mit der Nennung eines Urpaares und dessen Liebesakt fort.[111] Von Soden hat das Wort *edimmu* mit dem sumerischen Äquivalent i d i m verglichen und dabei festgestellt, dass es ungefähr 30 verschiedene Bedeutungen dieses Wortes gibt. Neben Gleichsetzungen mit König, Priester, Dunkel und Finsternis, ist es vor allem *nagbu idim*, die Süßwassertiefe, die hier näher interessieren soll.[112] Der zweigeschlechtliche Urmensch wird also mit der Süßwassertiefe dem Ap-

---

[104] Römer/Edzard 1993: 403 404.
[105] Römer/Edzard 1993: 402.
[106] Gilgameš ist König von Uruk und steht gleichzeitig in der Abstammungslinie der Schlangengötter. Sein Diener Enkidu ist wie der Flussgeist Enkis *laḫmu* für die Gräben und Bewässerungsrinnen zuständig. Black/Green 1992: 76.
[107] RLA 1972 75: Himmelsstier, 413.
[108] Römer/Edzard 1993: 402.
[109] von Soden 1989: 47 51.
[110] Edimmu oft mit *etemmu*, dem Totengeist gleichgesetzt, der, falls ein Toter nicht richtig bestattet wurde, umherschwirrt und den Menschen Krankheiten bringt. von Soden 1989: 48.
[111] Eine Parallelfassung spricht von 7+7 14 Lehmklumpen, wahrscheinlich um die Vermehrung der arbeitsfähigen Menschen zu erhöhen. von Soden 1989: 50.

zu gleichgesetzt, der bereits in seiner Rolle als Gott mit Enki identifiziert wurde. In der Göttergenealogie des Enuma Eliš folgen auf Apzu *laḫmu*, Anšar und Anu - Nudimmu, dessen Name sowohl Enki, als auch den Urmenschen bezeichnet. Man kann daraus folgern, dass Götter nicht nur gleichzeitig mit den Menschen entstanden sind, sondern dass sich auch ihre Entwicklungsgeschichte gleicht.

Hinweis auf die Zweigeschlechtlichkeit Enkis und seiner sterbenden Götter liefert *damu*, der aus Texten als androgynes Wesen bekannt ist und oft mit Dumuzi[113] und den anderen sterbenden Schlangengöttern gleichgesetzt wird.[114] Auch für *damu* ist eine Bootsfahrt charakteristisch. Es gibt aber nicht nur männliche Gottheiten für die man eine Zweigeschlechtlichkeit nachweisen kann. Auch für die Fruchtbarkeitsgöttin und Erdgöttin Ereškigal, Inanna usw. ist Bisexualität nachzuweisen.[115] Es erhärtet sich somit m. E. die Vermutung, dass sowohl männliche Schlangen- als auch weibliche Erdgottheiten Ausdruck für ein androgynes Urwesen sind, das je nach Jahreszeit in männlicher oder weiblicher Gestalt auftritt (siehe Seite 58).

3.3 Rituale und Träume

3.3.1 Ritualanfang

Alle Ritualtexte beginnen gewöhnlich mit *laḫmu - bašmu - mušḫuššu*.[116] Diese Reihenfolge entspricht zunächst der Einheit der Götter Enki - *laḫmu* und Ereškigal - *bašmu*, später werden sie durch die Einheit der Schlangengötter mit ihrem *mušḫuššu*-Drachen und aller Erdgöttinnen mit dem Löwendrachen ersetzt.

3.3.2 Etana-Mythos als Initiationsritus

Die dem Etana-Mythos vorausgehende Fabel beschreibt den Sieg der Trocken- über die Regenzeit, indem die Schlange mit Hilfe des Sonnengottes den Adler[117] in eine Grube wirft. Der Trockenzeit muss aber wieder eine Regenzeit folgen, um den Kreislauf nicht zu unterbrechen, weshalb m. E. die Götter Etana (=Priester) einsetzen, um den Adler wieder zu befreien. Etana wird somit in eine verantwortungsvolle Position gesetzt, in der er für den Wechsel von Trocken- zu Regenzeit verantwortlich ist. Dies geht jedoch nicht, ohne dass Etana mit den Abläufen des Jahreszyklus und der Schöpfung vertraut gemacht wird und so unterweisen ihn Adler und Schlange mit Hilfe von Initiationsriten.[118]

Im ersten Teil des Rituals begibt sich Etana in drei aufeinanderfolgenden Flügen in den Himmel. Je mehr Himmelstore er passiert, d.h. je weiter er vordringt, desto

---

[112] von Soden 1989: 48.
[113] Die Verbindung von Dumuzi und Enki sieht man in dem Namen Dumuziapzu. Black/Green 1992: 73.
[114] Jacobsen 1987: 56.
[115] Groneberg 1986: 30 31.
[116] Wiggermann 3: 145.
[117] Der Adler ist die während der Regenzeit transformierte Schlange.
[118] Obwohl Etana an zwei verschiedenen Orten (Himmel und Wasser) unterrichtet wird, bleibt sein Lehrer der Schlangengott und zwar einmal in seiner Gestalt als Schlange, während der Trockenzeit und zum anderen in seiner Gestalt als Adler während der Regenzeit. Somit wird der ganze Jahreszyklus abgedeckt.

genauer wird sein Wissen über die Schöpfung.[119]

Das Ende des Mythos ist nicht ganz klar, aber es werden die Unterwelt, ein Fluss und eine Gebärpflanze erwähnt,[120] so dass man davon ausgehen kann, dass der Schlangengott Etana auch über die Entstehung der Menschen informiert und ihn die Heilkunst lehrt.[121] Wie in vielen Initiationen anderer Kulturen gehört neben einem Flug in den Himmel (Wissen über die Entstehung der Welt), auch ein Abenteuer im Wasser dazu. Es geht hier vor allem um medizinische Unterweisungen, insbesondere um eine geburtsfördernde Pflanze, die in der Unterwelt wachsen soll. So wird das sumerische Wort für Arzt "azu" auch mit "der, der das Wasser kennt" übersetzt.[122] Etana, der erste König auf Erden (=Priester), erhält demnach das gesamte Wissen über die Entstehung der Erde und lebensnotwendige Hinweise für das Überleben seines Volkes vom Schlangengott in seinen zwei Erscheinungsformen Schlange und Adler.

Text aus dem Etana Mythos von Kinnier-Wilson

- **1ter Flug**

    One beru he bore [him upwards] The eagle spoke unto him, to Etana, (saying): 'Look down, my friend, how does the land appear? Look upon the sea, make a comparison as to its size.'
    'The land has become a hill, or perhaps (rather) a mountain. The sea has returned into a mountain stream.'[123]
    A second beru he bore him upwards. The eagle spoke unto him, to Etana, (saying): 'Look down my friend how does the land appear¿ 'The land is just a hill.'
    A third beru he bore him upwards. usw. 'The sea has become as a date gardeners (boundary)ditch.' After they had flown up to the heaven of Anu, they passed through the gates of Anu, Enlil and Ea the eagle and Etana bo[wed down to]gether. [They passed through] the gates of [Sin, Šamaš, Adad and Ištar] [The eagle] and Etan [a bowed down together]. (Sieben Tore)

- **2ter Flug**

    One beru... ...... 'Of the land has [its reciprocal] become a fifth, And the wide sea is like (the circle of) an animal enclosure.'[124]

---

[119] Auch im Lugalbanda Epos steht: "Der Vogel teilte sich ihm mit, jauchzte über ihn, der Anzu teilte sich ihm mit, jauchzte über ihn, Anzu spricht zum reinen Lugalbanda..." Römer/Edzard 1993: 518.
[120] Gordon 1969: 77 79.
[121] Ein ähnliches Beispiel bietet das Lugalbanda Epos: Lugalbanda erkrankt auf dem Feldzug gegen Aratta und wird in einer Höhle in den Bergen zurückgelassen, aus der er geheilt und gestärkt her auskommt. Er verbündet sich mit dem Anzu Vogel und erhält von diesem besondere Fähigkeiten, wie Kraft und Schnelligkeit. Römer/Edzard 1993: 507 508.
[122] Haussperger 1997: 204.
[123] Nachdem Himmel und Erde getrennt waren, verwandelte Enki den Salzwasserozean in einen Süßwasserfluss (siehe Seite 69).
[124] Hier ist der Hinweis darauf, dass das Urmeer als Tierkreis angesehen wird, was die Verbindung zur Urschlange nahelegt.

A second beru......... 'The land has returned into a garden[...], And the wide sea has become as a (water)butt.'
A third beru......... 'I am loking for the land, but I cannot see it! And my eyes catch no sight of the wide sea! My friend I cannot go to the heavens! Take the road (back) I have made my (last) bid.'

- 3ter Flug

He (the eagle) saw [a house with a window, having no seal] He[ ] and went inside .... [so the eagle did not fall] into (the waters of) swamp or spring. [His two wings] became embedded in a brushwood pile of poplar wood[125] [ ] of the forest.[126]

3.3.3 Träume und Ihre Bedeutung

Schriftlich festgehalten sind aber nicht nur Mythen und Rituale, sondern auch Träume, deren Bedeutung im folgenden Abschnitt kurz erläutert werden. Als Beispiel eines Traumes wird der Traum Dumuzis näher besprochen.

Wozu träumt der Mensch?

Es stellt sich zunächst die Frage, was überhaupt ein Traum ist und wie man Traumbilder deuten kann. Das Gehirn enthält drei verschiedene Arten von Informationen: Zum einen die genetischen Informationen, die sich über die ganze Entwicklungsgeschichte hinweg immer weiter verdichtet und vergrößert haben.[127] Die zweite Informationsart ist das während des Lebens erlernte Wissen. Die dritte Art der Information sind Überreste in der Gehirnstruktur, die während der Embryonalentwicklung entstehen und Überbleibsel aus der Vergangenheit darstellen und keine direkte Auswirkung auf das tägliche Leben haben.[128] Symbolische Träume, also Träume deren Inhalt über das täglich Erlebte hinausgeht und sich auf religiös-kosmologischer Ebene bewegt, scheinen mit der dritten Art der Information in Verbindung zu stehen. Ethnologische Quellen aus aller Welt so wie auch archäologische Texte bezeugen, dass vor allem Schlangenträume in Verbindung mit der Schöpfung oder mit Regelungen für das tägliche Leben stehen.[129] Könnte es da nicht sein, dass unter bestimmten Voraussetzungen Menschen auf diese Relikte aus der Vergangenheit in ihrem Gehirn Zugriff haben? Das würde bedeuten, dass der Mensch seine ganze Entwicklungsgeschichte in sich selbst gespeichert hat und es nur der richtigen Praktik bedarf, um diese Informationen abzurufen.[130]

Wie aber lassen sich die verschiedenen Träume deuten? Gibt es einen alten Code, den zu entschlüsseln nur bestimmte Menschen unter bestimmten Bedingungen

---

[125] Auch im von Inanna gepflanzten Baum in Uruk bildete ein Vogel das Geäst (siehe Seite 62).
[126] Kinnier Wilson 1985: 10 12.
[127] Da sich nach der Evolutionstheorie immer das Beste durchsetzt, kann man davon ausgehen, dass das Gehirn aus vielen optimalen Anpassungen besteht.
[128] Braitenberg 1994: 155.
[129] Mundkur 1983: 250.
[130] Dies würde auch erklären, warum überall auf der Welt ähnliche religiöse Vorstellungen vorhanden sind.

fähig sind? Da alle Menschen auf eine gemeinsame Gehirnentwicklung zurückblicken können, ist es durchaus wahrscheinlich, dass alle eine "Symbolsprache" verbindet. Ein Indiz dafür mag das unverständliche Lallen[131] von Menschen in Trance sein, das oft als die Sprache der Götter beschrieben wird und erst übersetzt werden muss. Interessant ist in diesem Zusammenhang auch, dass Menschen unter Hypnose die für sie in normalem Zustand völlig sinnlos erscheinenden Traumbilder ohne Probleme erklären und deuten können.[132] Gleiches kann somit vielleicht auch für Priester[133] angenommen werden, die sich mit Hilfe von berauschenden Mitteln, Tanz und Musik in einen anderen Geisteszustand versetzen können, in dem sie dann auf eben jene verborgenen Informationen zugreifen können.[134] Natürlich kann diese Deutung vorerst nur als Hypothese angesehen werden, zumal die Hirnforschung noch lange nicht alle offenen Fragen beantworten kann.

Träume im Vorderen Orient

Für das Untersuchungsgebiet lassen sich generell zwei Arten von symbolischen Träumen[135] unterscheiden: Auf der einen Seite stehen Träume mit Bezug zur Kosmologie, die nur von hochrangigen Priestern gedeutet werden können. Aussagen solcher Träume erweisen sich immer als unumstößlich und dienen dem Erhalt der bestehenden Ordnung in der Welt, wie z. B. der Traum Dumuzis. Diesen gegenüber stehen Träume, die Alltagsprobleme und Ängste der Menschen beinhalten, aus denen Regeln für das Zusammenleben herausgelesen werden. Je nachdem, welchen Initiationsgrad ein Priester hat, kann er einfache Träume oder sehr komplizierte Träume deuten. Aus vielen Texten geht hervor, dass Träume für alle, abgesehen von den Traumdeutern, als erschreckend und gefährlich betrachtet werden, da man erstens nicht weiß, was sie bedeuten und sie zweitens immer in der Nacht, der Zeit der Dämonen, auftreten.[136] Das akkadische Wort für Traum *šuttu* hat dieselbe Wurzel wie das Wort für Schlaf *šittu*, und das sumerische Ideogramm MA.MU (Traum) bedeutet sogar soviel wie "Erschaffung der Nacht", so dass man sich vorstellen kann, dass in der Nacht Geister, womöglich die Ahnen, umherschwirren und von Wehrlosen Besitz ergreifen.[137] Wichtig für den Träumer ist, dass er seinen Traum gleich einem Deuter erzählt, da er sonst nicht von den schlechten Vorzeichen befreit werden kann. Von einigen Göttern ist bekannt, dass sie die schlimmen Vorzeichen des Traumes verschwinden lassen können. Zu diesen gehören neben Šamaš vor allem Ea, Marduk und Anu,[138] also die Schlangengötter. Für die nicht kosmologischen Träume kann ein Priester Gegenmaßnahmen wie Abwehrzauber oder Reinigungsriten treffen und somit die Zukunft in gewisser Weise selbst beeinflussen und abändern.[139]

---

[131] Hier sei auf zahlreiche Lallnamen im Vorderen Orient verwiesen: z. B. Huwawa. RLA 1972 75: 531.
[132] Fromm 1957: 7.
[133] Mundkur 1983: 250.
[134] Von den Tonga aus Afrika weiß man, dass sie ihre Musik träumen (Grill/Maitre 1999: 109 124.). Die Aborigines träumen ihre Wanderwege, Traumpfade genannt (Lawlor 1993: 37 43.), um nur einige Beispiele zu nennen.
[135] Da Silva 1991: 31.
[136] Da Silva 1991: 32.
[137] Da Silva 1991: 32.
[138] Da Silva 1991: 33.

In diesem Zusammenhang muss noch die bislang vernachlässigte dämonische, böse Seite der Schlange besprochen werden, die u. a. von Huwawa (208[140]) verkörpert wird. In allen Kulturen sind Götter ja immer sowohl positiv wie negativ und im Normalfall halten sich beide Seiten die Waage. Sollte es doch zu einer einseitigen Übergewichtung kommen, findet ein Kampf statt, so geschehen im Gilgameš-Epos. Zu einer Zeit, als das Übel den Menschen schwer zu schaffen machte und die Macht Huwawas sich auszudehnen drohte, mussten Gilgameš und Enkidu gegen diesen Dämonen aus dem fernen Bergwald vorgehen. Huwawa wird übrigens an Orten mit nachgewiesenen Schlangenstadtgottheiten (Kiš, Susa) mit Gottesdeterminativ geschrieben. Der sogenannte Lallname Huwawa zusammen mit seinen sieben Ängsten und seiner Wohnung im finsteren Zedernwald auf Enlils heiligem Berg lässt an Träume und Trancezustände denken. Beschrieben wird Huwawas mit einem Drachenmaul als Mund, dem Gesicht eines Löwen, einem Brustkorb aus wogender Hochflut und einer Stirn aus loderndem Röhricht, dem sich niemand nähern kann.[141]

Dumuzis Traum

Ein sehr schönes Beispiel für einen kosmologischen Traum zeigt Dumuzis Traum, in dem es dem Vegetationsgott Dumuzi nicht gelingt, seinem Tod, also dem Gang in die Unterwelt zu entrinnen, da sonst der Wechsel von Regen- zu Trockenzeit und somit der ewige Kreislauf nicht gewährleistet wäre.[142] Schuld daran ist, wie man aus dem Mythos "Inannas Gang zur Unterwelt" erfährt, Inanna selbst, worin die Hypothese, Inanna sei die treibende Kraft (der Katalysator) für den Wechsel der Jahreszeiten, ihre Bestätigung findet. Außer für Dumuzi ist dieser Traum auch für andere sterbenden Vegetationsgötter, wie z. B. Enkidu überliefert.[143]

Träume von Herrschern

Gudea, der sich in direkter Abstammung der Schlangengötter sieht, erkennt in einem Traum Ningirsu in riesiger Gestalt mit Flügeln "and a floodstorm as regards his lower body".[144] Diese Vorstellung mag die Angst vor der bevorstehenden Regenzeit ausdrücken, in der An und seine Stellvertreter das Land mit Überschwemmungen verwüstet.

---

[139] Da Silva 1991: 33 34.
[140] RLA 1972 75: Huwawa, Abb. 1, 531.
[141] RLA 1972 75: Huwawa, 531 532.
[142] Jacobsen 1987: 28.
[143] Da Silva 1991: 34.
[144] Seidl 1998: 100.

3.3.4 Schlangenbeschwörung

Zum Abschluss soll noch ein Beispiel einer Schlangenbeschwörung beschrieben werden.

A biting snake / a biting scorpion / a furious biting dog made its spittle enter into someone. Asarluhi sent a messenger to his father Enki. 'My father, a biting snake / a biting scorpion / a furious biting dog made its spittle enter into someone. I do not know what to do about it.' 'My son, what is it that he doesn't know, what can I add for him?' When he has purified the water in his holy tube, and recited the incantation over his water; when he has made the infected person to drink this water that spittle may leave by itself! Someone is attacked by a snake. It is the incantation for the water that the infected person must drink.[145]

Der Schlangengott Enki, der Gott des Wassers und der Weisheit gilt als Ansprechpartner, wenn es um Schlangenbisse geht. Er gibt den Rat, ein Reinigungsritual durchzuführen, in dem Wasser eine herausragende Bedeutung zukommt. Die Tatsache, dass Enki neben Schlangen- auch Skorpion- und Hundebiss heilen kann, verweist wieder auf die Zweigeschlechtlichkeit von Enki und Inanna, die sich in halbjährigem Turnus abwechseln. Jede der beiden Gottheiten enthält den komplementären Teil der anderen Gottheit und davon werden nur die gefährlichen Tiere beschworen, weshalb Ziege und Adler in dieser Beschwörung aussen vor bleiben.

---

[145] Veldhuis 1993: 161 162.

Kapitel 4

Schlangenkulte und Vorstellungen aus anderen Kulturkreisen

Im folgenden Kapitel sollen die aus den Darstellungen und Texten erschlossenen Bedeutungsebenen der Schlange mit ethnologischem Material verglichen werden. Es werden hierzu einige aussagekräftige Beispiele aus verschiedenen Kulturkreisen herangezogen.

4.1 Schlange als Schöpferwesen

Australien

In Australien ist die Regenbogenschlange als Schöpferwesen in der Traumzeit bekannt. Man sieht in ihr das zweigeschlechtliche Urmeer, das Himmel und Erde in sich vereint, bevor diese geteilt werden. Bestätigt wird diese Annahme durch den Glauben, dass beim Kochen der Schlange eine riesige Überschwemmung verursacht wird, da sie voller Wasser ist.[1] Außerdem gilt die Schlange zusammen mit der Erdmutter als Schöpferin aller Lebewesen, Gestirne, des Wassers und der Landschaft. Die verschiedenen Namen der Schlangen bezeichnen das Wasser, die Erdoberfläche und die Traumzeit. Zudem hatte sie in der Traumzeit die Aufgabe, den Menschen Kultur zu bringen und sie in Heiratsgruppen einzuteilen. Auch wird sie als Ahnherrin der Menschen angesehen. Neben ihrem Wohnort in der Erde oder im Wasser ist die Schlange auch am Himmel in Form verschiedener Sternbilder gegenwärtig.[2] Es wiederholen sich hier wesentliche Aspekte der Schlangenvorstellung aus dem Vorderen Orient (siehe Enki Seite 65). Nahezu alle Eigenschaften treffen auch auf den Schlangengott An/Enki zu.

Ozeanien

Von den Gilbert-, Elice- und Tokelauinseln ist ein Mythos bekannt, in dem Vater Himmel und Mutter Erde von einem Gott in Verkleidung einer Schlange oder ei-

---

[1] Mountford 1978: 55.
[2] Cordes 1983: 141 143.

nes Meeraals getrennt wurden, um so den Menschen Luft und Licht zu geben. Von den Solomon- und Rosselinseln ist bekannt, dass die Menschen von einem Schlangengott geschaffen wurden. Hier ist die Klaneinteilung auf zwei Schlangengötter zurückzuführen.[3]

Anden

Aus den zentralen Anden, in denen die Menschen die Zeit als zyklisch ansehen und nach dem Reziprozitätsprinzip (u. a. auch in Form von Blutopfern) leben, wird die Erdmutter, deren bekannteste Bezeichnung Pachamama ist, verehrt. Diese wird unter anderem auf einer Stele mit einem doppelköpfigen Schlangenkopfschmuck und Pflanzen unter den Füßen dargestellt. Die Rückseite der Stele ziert eine männliche Gestalt.[4] Diese Kombination von Muttergottheit und Schlangen findet man im Vorderen Orient bereits seit dem Neolithikum. Und tatsächlich heißt es an einer Stelle, dass Pachamama weder weiblich noch männlich ist, was auch für die Anden bedeutet, dass man von einer zweigeschlechtlichen Urgottheit ausgeht, die sich in Himmel und Erde aufgespalten hat. So wird die mythische Schlange Amaru mit den Quellen und der Unterwelt assoziiert (=Apzu/Enki), während der heilige Berg die Erdmutter darstellt.[5]

4.2 Schlangen, Naturphänomene und Regenzeremonien

Australien

Ein klassisches Beispiel für Naturphänomene und den Jahreszeitenwechsel bietet die Regenbogenschlange Bilumbira aus dem Arnhemland, die während der Trockenzeit in einer Gruppe untergetauchter Felsen am Meeresboden lebt und kein Boot ungestört vorbeifahren lässt. Ausgelöst durch Regenzeremonien, verlässt sie in der Regenzeit ihre Wohnung und verursacht riesige Gewitterwolken, in denen sie in Form von Blitzen reist und den Menschen Regen bringt.[6] Ähnlich kann man sich auch in Mesopotamien und Iran den zyklischen Ablauf des Jahres und den jeweiligen Aufenthaltsort der Schlange vorstellen.

Bolivien

In Bolivien werden zwei Schlangengötter für Erdbeben, Wirbelwinde und Regen verantwortlich gemacht. Jede Bewegung Yaurinkhas, einer seebewohnenden Monsterschlange, macht sich als Erschütterung bemerkbar. Huayra-tata, eine doppelköpfige Menschengestalt mit aufgerollten Schlangen von Kopf bis Fuß, ist für Wirbelwinde und fruchtbaren Regen zuständig.[7]

---

[3] Mundkur 1983: 57.
[4] Bettin 1994: 43 47.
[5] Bettin 1994: 54.
[6] Mountford 1978: 66.
[7] Mundkur 1983: 74.

Afrika

In Afrika ist der Glaube an eine Regenbogenschlange, die meist als Schlangenmonster beschrieben wird, weit verbreitet. Sie wird als Wächter über Wasserlöcher angesehen, sie kontrolliert den Regen und wird auch mit dem Regenbogen identifiziert.[8] Der Regenbogen selbst gilt als großer Schlangengott, der aus der Unterwelt aufsteigt, um im Himmel Wasser zu trinken. Sein Name bedeutet, dass er sich in schwarzen Wolken sammelt. Diese Vorstellung passt gut zum Kampf des Schlangengottes mit dem Wettergott in Vorderasien. Bei vielen afrikanischen Stämmen werden einige Pythonarten als Botschafter des Regenbogengottes angesehen.[9] Nur wenn die Menschen sich den Schlangen gegenüber gut verhalten und ihnen Opfer darbringen, können sie mit fruchtbaren Regenfällen rechnen. In diesem Zusammenhang stehen auch Milchfütterungen an die Schlangen.

Amerika

Die Regentanzzeremonie der Hopi-Indianer in Neu-Mexiko, die einmal jährlich im August stattfindet, wird von Aby Warburg wie folgt beschrieben.[10] Um im August die für das Überleben notwendigen Gewitter und Regenfälle herbeizurufen, werden zunächst vier Tage lang in den Wüstenebenen Schlangen eingefangen, bis man ungefähr 100 Stück beisammen hat. Nackte, mit Paste eingeriebene Priester müssen versuchen, die Angriffsstellung der Schlangen aufzuheben, was ihnen mittels eines Ritualstabes mit zwei langen Federn daran gelingt. Durch den Stab abgelenkt, lässt sich die Schlange mit einer Hand fassen und sie kann in die Länge gezogen werden, so dass ihr Rückgrat überdehnt wird und sie wie ein Seil herabhängt. Es folgt ein "Predance Ritual" in dem die Schlangen ständig in den Mund gesteckt, fallengelassen und wieder aufgehoben werden. Anschließend werden die Schlangen in die unterirdische Kiwa (heilige Hütte/Höhle) gebracht.[11] Nach Waschungen mit geweihtem Wasser werden die Schlangen auf das am Boden der Kiwa aufgemalte Sandgemälde geworfen, das vier Blitzschlangen darstellt, in deren Mitte ein Vierfüßler ist. In einer anderen Kiwa wird eine Wolkenmasse dargestellt, aus der vier verschiedenfarbige Blitze in Schlangenform, den Himmelsrichtungen entsprechend, herauskommen. Durch das Werfen der Schlange werden die im Gewitter zur Erde niederfahrenden Blitze nachgeahmt und es wird Regen erzeugt.

Drachen

In Mesopotamien entwickelt sich die Schlange im Laufe der Zeit zu einem Mischwesen, das die Schlangengötter begleitet. Dieses Mischwesen, besser unter der Bezeichnung Drache bekannt, ist ebenso in der chinesischen Mythologie zu finden. Dort geht man davon aus, dass der Drache das Grundwasser im Winter gefangen hält und es erst im Frühjahr wieder frei lässt.[12] In einem jährlich wiederkehrenden Kampf wechselt der Drache somit von der todbringenden Seite zur Seite der Fruchtbarkeitsgöttin.

---

[8] Hambly 1931: 37.
[9] Hambly 1931: 38.
[10] Warburg 1988. 42.
[11] Mundkur 1983: 88.
[12] Francfort 1994: 411.

Bildlich muss man sich das so vorstellen, dass sich der männliche Teil der Schlange im Frühling in einen Vogel verwandelt.[13]

4.3 Initiationsriten

Australien

Die Berufung eines Menschen zu einem Priester wird in Australien von der Regenbogenschlange durchgeführt. Sie entführt den Auserwählten hierzu ins Wasser, unter die Erde oder in den Himmel. Mit der Initiation einher geht ein ritueller Tod, aus dem der Initiand mit neuem Wissen gestärkt hervorgeht. Dabei werden ihm glitzernde Steine und Muscheln mit magischer Wirkung übergeben. Auch gehen Kinderkeime in seine Seele ein. Es ist bekannt, dass der Priester die Regenbogenschlange als Reittier für seine Traumflüge benutzt und dass er in wiederholten Besuchen am Wasserloch von ihr neue Lieder lernt. Die nächsthöhere Initiationsstufe wird durch die Übergabe eines magischen Seils gekennzeichnet.[14]

Beispiel: Im Forest River District hat Elkin einen Initiationsritus mit der Regenbogenschlange Brimurer kennengelernt. Die Initiation beginnt mit einem Flug in den Himmel. Der Meister hat den Initianden geschrumpft, in einen kleinen Beutel gesteckt und setzt sich mit ihm auf den Rücken der Regenbogenschlange, an der er sich wie an einem Seil in den Himmel hinaufzieht. Fast an der Spitze angekommen wirft er den Initianden in den Himmel, um ihn symbolisch zu töten. Oben angekommen legt er Regenbogenschlangen und Quarzkristalle in den Initianden. Er selbst erhält diese Gegenstände von der Schlange im Wasserloch. Anschließend kommen beide auf die Erde zurück und der Initiand erreicht wieder seine normale Größe. Das Ritual wird noch mehrmals an den darauffolgenden Tagen wiederholt.[15]

Ein ähnlicher Initiationsritus konnte bereits bei Etana festgestellt werden (siehe Seite 72).

4.4 Schlange als Ahnenwesen

Afrika

Nach Hambly gibt es in Ost- und Westafrika Pythonverehrungszentren.[16] Der Python wird als übernatürliches Wesen (Ahnengeist) angesehen, das im Haus gehalten, gefüttert und gepflegt wird (Abbildung 210[17] und Abbildung 212[18]). Interessant in Verbindung mit dem Schlangengott aus Vorderasien ist die Beobachtung, dass der Python übermenschliche Wesen, einen Kriegsgott, einen Wassergeist und einen Herrn der Landwirtschaft oder eine Muttergottheit verkörpert. Eben diese Punkte konnten für Enki festgestellt werden. Es wird auch von einem Tempel und heiligen Hainen berichtet, an denen Priester (211[19]) und Priesterinnen angestellt sind. Die Priesterinnen

---
[13] Diese Verwandlung sieht man u. a. anhand der Zeremonialäxte aus Ostiran (Abbildung 184).
[14] Cordes 1983: 169.
[15] Elkin 1930: 349.
[16] Hambly 1931: 49.
[17] Hambly 1931: Taf. 2.
[18] Hambly 1931: Taf. 5.

sind die Gattinnen des Schlangengottes. Beide fallen im Verlauf der Zeremonien in Trancezustände und sprechen eine unverständliche Sprache. Oft werden heilige Kühe gehalten, deren Milch der Schlange gegeben wird.[20]

Iran und Armenien

Die Folklore aus Iran weist viele Gemeinsamkeiten mit dem Schlangenglauben in Ostafrika auf. Auch hier kommen Ahnengeister in Form von Schlangen in die Dörfer ihrer Nachfahren zurück und werden mit Milch gefüttert.[21] Beiden gemeinsam ist auch der Glaube, dass Schlangen im Haus Glück bringen. Auch ist die Schlange als Wächter über Schätze und als Mädchenräuber bekannt.[22] Archäologische Hinweise auf einen Hauskult geben Texte, sowie die Darstellungen von Schlangen auf Keramikgefäßen, die eine Fütterung nahelegen. Die Vermählung hübscher Mädchen mit dem Schlangengott erinnert an die Heilige Hochzeit und an das Paar Schlangengott - Regenbogengöttin und steht in Zusammenhang mit Regenzeremonien.

4.5 Schlange und Macht

Schlangenbraut

Bei den Angolastämmen gilt die Schlange als höchstes Kultobjekt und wird sehr gefürchtet. So wird z. B. bei den Humbi der Python als heiliges Tier von einer Priesterin gefüttert und gepflegt. Die Priesterin ist zugleich eine der Königsfrauen und mit der Schlange verheiratet. Es geht mit einer solchen Heirat, die der Schlange zugeschriebene Macht und Stärke auf den weltlichen Herrscher über.[23]

Kriegsgott

Oft wird der Schlangengott auch als Kriegsgott beschrieben. Die Pythonschlangen in Benin repräsentieren z. B. den Kriegsgott Ogidia. Während ekstatischen Tänzen ergreift dieser Besitz von den Priesterinnen und Priestern, die daraufhin in einer völlig unverständlichen Sprache oder einem alten Dialekt sprechen und den Stammesmitgliedern sagen können, wie sie sich in bestimmten Situationen zu verhalten haben.[24]

---

[19] Hambly 1931: Taf. 6.
[20] Hambly 1931: 20 21.
[21] Shahapet, der iranische Schlangengeist, erscheint in Gestalt eines Mannes und einer Schlange und beschützt Häuser und Gräber.
[22] Hambly 1931: 57.
[23] Mundkur 1983: 58.
[24] Hambly 1931: 15.

Kapitel 5

Ergebnisse

5.1 Ausgangspunkt

Ausgangspunkt für die Untersuchung zu Schlangendarstellungen in Mesopotamien und Iran und deren Bedeutung waren Schlangenvorstellungen und Kulte, wie sie von Ethnologen bis heute bei unterschiedlichen Völkern und Stämmen auf der ganzen Erde aufgezeichnet werden. Vergleicht man ihre Berichte über Mythen, Riten und Kosmologievorstellungen so muss man immer wieder feststellen, dass sie sich in wesentlichen Punkten gleichen. Oft tritt eine Schlange als Schöpfer neben der Mutter Erde auf, ordnet eine Schlange die Welt und übergibt den Menschen ihre Kultur und spielt eine Schlange die Rolle eines Kämpfers und Kriegsgottes, sowie die eines Vorfahren. Schöpfungsberichte, Göttergenealogien, Ritualtexte und Beschwörungstexte aus dem Untersuchungsgebiet enthalten eine Vielzahl von Hinweisen, dass auch für die vorchristliche Zeit im Vorderen Orient derartige Vorstellungen denkbar sind. Am aussagekräftigsten, vor allem was die zeitliche Dimension angeht, erweisen sich Schlangendarstellungen und mit ihnen in Zusammenhang stehende Kultanlagen. Schon seit dem 9./8. Jt. v. Chr., als sich die Menschen nach der letzten Eiszeit immer weiter im Fruchtbaren Halbmond nach Osten vorwagten, findet man vereinzelte Hinweise auf Schlangenkulte in Form von Schlangenpfeilern in Göbekli, rundplastischen Schlangen in Nemrik oder Muttergottheiten mit Schlangenzier. Ab dem 6. Jt. v. Chr. sind auch bemalte und applizierte Keramikfunde aus Südmesopotamien bekannt, was bedeutet, dass jetzt nicht nur Regen-, sondern auch der Bewässerungsfeldbau als Wirtschaftsmethode praktiziert wird. Die erst viel später entstandenen Textzeugnisse spiegeln zwei Kosmologien des Berg- und Marschlandes wieder, deren größter Unterschied in den Vorstellungen über die Herkunft des Wassers liegt (Regenwasser/Himmel und Grundwasser/Unterwelt). Die Marschlandkosmologie hat sich aus der Berglandkosmologie herausentwickelt, als die Menschen neues Land urbar machten. Handelstätigkeiten gewährleisten über Jahrtausende einen regen Güter-, aber auch Ideenaustausch, so dass beide Kosmologien, trotz unterschiedlicher Schwerpunkte im Großen und Ganzen eine Einheit bilden. Aus diesem Grund ist auch der Vergleich mit Textmaterial zu vertreten, der somit nicht nur die mesopotamischen Vorstellungen, sondern durchaus auch die älteren Wurzeln im iranischen Bergland offenlegt.

5.2 Ergebnisse der Textanalyse

5.2.1 Urelemente Wasser und Erde

Vor der Schöpfung existiert ein riesiger Salzwasserozean, der in einem ersten Schöpfungsakt in Himmel und Erde getrennt wird. Um aus einem Element zwei entgegengesetzte Elemente (Himmel/Erde) zu schaffen, müssen diese vorher in Form eines zweigeschlechtlichen Wesens schon im Ozean existiert haben, was sich anhand Ama-tu-anki bestätigt.[1] Von Anbeginn besteht ein dualistisches Weltbild mit einem Götterpaar aus männlicher und weiblicher Gottheit. Da sich die Mythen hauptsächlich auf die Marschlandkosmologie beziehen, steht Enki hier als Schöpfergott im Vordergrund. Die Götterlisten beweisen jedoch, dass die Kosmologie aus dem Bergland übernommen und abgewandelt wurde, da hier der Himmelsgott An an erster Stelle steht. Sowohl für An als auch für Enki ist ein Bezug zu Wasser nachgewiesen und zwar ist An für den Regen zuständig und Enki wird mit dem Apzu, dem Grundwasser gleichgesetzt. Beide sind mit der Erdgöttin verheiratet, deren Namen von Region zu Region unterschiedlich sind, doch scheinen An und Inanna und Enki und Ereškigal die ursprünglichen Paare der Berg- und Marschlandkosmologie zu sein. Den immer noch ausstehenden Bezug zur Schlange gibt die Etana-Beschreibung über den Urzustand der Welt, als die Erde vom Meer in Form eines Tierkreises umschlossen war (siehe Seite 73). Später werden alle als Schlangengötter bekannten Gottheiten als Söhne oder Brüder Ans/Enlils oder Enkis beschrieben, was wiederum auf den Schlangencharakter der Väter schließen lässt. Kurz und gut das Schöpferpaar kann als Erdmutter und Schlangengott, Inanna - An oder Ereškigal - Enki angesprochen werden, wie dies unter anderen Namen auch von ethnologischer Seite bestätigt wird.

5.2.2 Vom Chaos zur Zivilisation

Am Beispiel des Schlangengottes Enki kann man nachvollziehen, wie die Menschen nach dem auf die Schöpfung folgenden Choaszustand zivilisiert werden und Ordnung in ihr Leben gebracht wird. Der Schlangengott verlässt aus diesem Anlass den Ort der Schöpfung, eine Insel mitten im Meer (Dilmun) und fährt in seiner halblebendigen Barke zum Festland, um den Sumerern das Getreide (=Kultur) zu bringen. Er errichtete in Eridu sein Haus des Apzu. Parallel zu Enkis Haus des Apzu wird von An berichtet, dass er sein Haus des KUR errichtet. Beide Tempelarten (Hoch- und Tieftempel) bilden in der Tat bis ins 1. Jt. v. Chr. immer eine Einheit im Tempelbezirk einer Stadt und symbolisieren somit die beiden Wirkungskreise des Wasserschlangengottes mit seiner Gattin. Aus verwaltungstechnischen Gründen setzt Enki in wichtigen Orten Schlangenstadtgottheiten ein und verteilt auch sonst Gottheiten im Land, denen er jeweils eine seiner Fähigkeiten anvertraut (siehe Seite 65). Nach getaner Arbeit, heißt es, waren die Frühjahrsüberschwemmungen in Sumer in Ordnung.

5.2.3 Zyklischer Ablauf des Jahres

Wichtig für den zyklischen Ablauf des Jahres, wie sich herausgestellt hat, ist das Zusammenspiel von Mutter- und Schlangengottheit. Nicht nur, dass beide aus einem

---

[1] Nammu, die Herrin, die Himmel und Erde geboren hat (siehe Seite 58).

Urelement hervorgegangen sind, es gibt auch zahlreiche Hinweise aus Texten, dass beide selbst zweigeschlechtlich sind.[2] Diese Zweigeschlechtlichkeit ist auch bei allen nachfolgenden Vegetationsgöttern aus den Texten herauszulesen. Nur durch die Aufspaltung der Urgottheit in männlich und weiblich, also Wasser (Schlange) und Erde (Ziege) oder Schlangengott und Erdgottheit wurde der Jahreszyklus möglich. Jeweils ein Teil der Gottheit hält sich ein halbes Jahr über und ein halbes Jahr unter der Erde auf. Dies sieht so aus: In der Trockenzeit, die als fruchtbare Zeit des Jahres gilt,[3] lebt die Erd- und Fruchtbarkeitsgöttin in Gestalt der Ziege auf der Welt. Der Wassergott ist in der Trockenzeit unter der Erde gefangen.[4] In der Regenzeit bietet sich ein anderes Bild, in dem auch die Symboltiere der beiden Gottheiten wechseln. Die Regenzeit wirft die Erde wieder in einen chaotischen Zustand zurück, der von Elend und Tod geprägt ist und so werden Schlange und Ziege von den Symbolen Adler und Skorpion ersetzt, denen die Überschwemmungen nichts anhaben können. Der Wechsel von Schlange - Ziege in Adler - Skorpion und umgekehrt vollzieht sich jeweils in einem Kampf, der einmal von der weiblichen und einmal von der männlichen Seite ausgelöst wird und somit einen ausgewogenen Zustand im Jahresablauf gewährleistet. In diesem Zusammenhang muss der Diener der Schlangengötter genannt werden, der als Flussgeist zu verstehen ist und den Wasserstand der Flüsse regelt, indem er jeweils die vorherrschende Gottheit bekämpft. Dieser ständige Wechsel von Regen- und Trockenzeit ist prägend für die Vorstellungswelt der Menschen und wird in Form von Regen- und Erntedankzeremonien begleitet, in denen der Mensch jeweils die Rolle des Katalysators für den Jahreszeitenwechsel übernimmt.

In Form von Initiationsriten können Parallelen zwischen ethnologischem Material und Textquellen gezogen werden, wie die Beispiele Etana-Mythos und Lugalbanda-Epos deutlich gemacht haben. Gleiches gilt auch für die Vermählung von Priesterinnen mit dem Schlangengott und dann mit dem weltlichen Herrscher, was diesen in die Reihe der Schlangengötter erhebt.

5.3 Archäologische Ergebnisse

Dieses soeben gewonnene dualistische Weltbild muss in knappen Sätzen auf das archäologische Material angewendet werden.

5.3.1 Kult

Kultanlagen mit Schlangenzier seit dem 9. Jt. v. Chr. beweisen, dass die Menschen tatsächlich Schlangen verehrt und aktiv am Wechsel der Jahreszeiten mitgewirkt haben. Mit einem Ziegenopfer, wie es in den Einführungsszenen der Rollsiegel festgehalten ist, dankt man für die fruchtbare Hälfte des Jahres, während man sich mit Libationen aus Keramikgefäßen für den Regen erkenntlich zeigt.

---

[2] Enki, der Ziegenfisch und die bärtige Ištar.
[3] Nach den Überschwemmungen bleibt fruchtbarer Schlamm zurück und das Leben kann neu beginnen.
[4] Es sei an die Mythen über Dumuzis und Inannas Gang in die Unterwelt erinnert.

5.3.2 Symbolik von Keramik und Stempelsiegeln

Die ersten Keramikgefäße sind mit Schlangenmuster oder echten Schlangen verziert und werden für Libationen oder zur Fütterung der Ahnenschlangen verwendet, wie ethnologische Vergleiche zeigen. Doch damit nicht genug, aufgebaut aus den Elementen Wasser und Erde (=Ton) symbolisieren die Gefäße selbst die Einheit aus Wasserschlange und Mutter Erde.

Auch den Stempelsiegeln aus dem iranischen Gebiet kann man große Symbolhaftigkeit zuschreiben. So ist das häufigste Motiv die Abbildung von Schlange mit Ziege, also Wasser und Erde und somit Fruchtbarkeit. Die kreisförmigen Darstellungen um die Ziege weisen auf Etanas Weltbild hin, in dem er sieht, wie die Erde von Wasser in Gestalt eines Tierkreises umschlungen wird. Der Wechsel von Trocken- zu Regenzeit wird durch die Darstellung von Schlange und Adler symbolisiert, wenn der Schlangengott aus der Unterwelt als Vogel in den Himmel aufsteigt und Regen bringt. Dass die Schlange tatsächlich als Regen- und Grundwasserschlange gedacht ist, scheinen doppelköpfige Schlangenabbildungen zu bestätigen.

Aber es ist auch schon eine Gottesvorstellung in den Stempelsiegeln enthalten, der Ziegen-"Dämon". Wie Enki in Texten "the pure bezoar of the apzu" genannt wird, so stellt der Ziegen-"Dämon" beide Aspekte bildlich dar und hält dabei noch zwei Schlangen in der Hand. Es handelt sich auch hier um eine zweigeschlechtliche Gottheit aus der Kombination Schlange und Ziege und da sie im Bergland verehrt wird, handelt es sich deshalb um die Darstellung Ans, der Enki in der Göttergenealogie voransteht.

5.3.3 Rollsiegel: Rituelle, symbolische und mythologische Bedeutung

Die rituelle Bedeutung der Rollsiegel wurde bereits unter Punkt Kult behandelt, als es um Erntedank und Libationen ging. Auch der symbolische Charakter von Ziege - Schlange und Skorpion - Adler ist bereits als Symbol von Trocken- und Regenzeit besprochen worden. Der Ziegen-"Dämon" wird als sechslockiger Held (_laḫmu_) in das Bildrepertoire der Rollsiegel übernommen. Wie sein Name "Flussgeist des Enki" schon sagt, ist er hauptsächlich für die gerechte Wasserverteilung in den Flüssen zuständig und aktiv am Kampf zum Wechsel der Jahreszeiten beteiligt. Dies erlaubt zugleich den Rückschluss auf die Aufgabe des Ziegen-"Dämons" (den Schlangengott An), der die im Bergland entspringenden Flüsse mit Wasser speist, wohingegen Enki für das Grundwasser zuständig ist.

Der Vergleich der iranischen und mesopotamischen Darstellungen des Schlangengottes zeigt, dass jeweils das mächtigere Land die höchste Gottheit des unterlegenen Landes ihrer eigenen höchsten Gottheit unterordnet. Zu sehen ist dies am Beispiel des Gottes mit dem Schlangenunterkörper (Enki)/Schlangenstadtgottheiten (Ninazu, Ningizzida, Tišpak usw.) und dem iranischen Ziegen-"Dämon" (An)/später anthropomorphem Schlangengott (Ištaran/Inšušinak), deren Diener oder Vizier jeweils vom höchsten Nachbargott verkörpert wird. Während des Akkadreiches wird in Mesopotamien Enki immer mit seinem Begleiter _laḫmu_ dargestellt, der meines Erachtens die Umwandlung des Ziegen-"Dämons", der iranischen Hauptgottheit, repräsentiert.[5]

---

[5] Beide verbindet die Aufgabe den Wasserstand der Flüsse zu regulieren.

Nach dem Kollaps des Reiches von Šamši Adad I. dringen die elamitischen Großviziere, wie sie sich nach dem in Lagaš stationierten Beamten nennen, in Babylonien ein[6] und so erklärt sich der umgekehrte Vorgang, dass plötzlich Enki zum Thron des elamischen Schlangengottes degradiert wird.

Neu im Rollsiegelrepertoir ist die Darstellung von mythologischen Szenen. Eine herausragende Stellung kommt hier dem Bootgott zu, der mit Enki identifiziert werden kann. Innerhalb weniger Jahrhunderte (FD-II-Zeit bis Akkad-Zeit) wandelt sich seine Darstellung von einem völlig schlangenhaften Wesen über den Gott mit dem Schlangenunterkörper hin zu anthropomorphen Stadtgottheiten. Dies ist die Geschichte Enkis, der in seiner Schlangenbarke die Zivilisation nach Sumer bringt und Stadtgottheiten einsetzt. Diese Stadtgottheiten stehen alle mit ihm oder An in verwandtschaftlicher Verbindung, haben Bezüge zur Vegetation und vertreten einzelne Aspekte Enkis, wie z. B. Gerechtigkeit. Die Verbindung zu An weist auf die enge Bindung und den regen Austausch von Bergland und Tiefland hin und macht für An eine Identifizierung mit dem Ziegen-"Dämon" möglich.[7]

Eine Reihe von Rollsiegeln befasst sich mit dem Thema des Jahreszeitenwechsels und zwar einerseits dargestellt durch Götterkampfszenen und zum anderen durch Szenen, die mit den sterbenden Vegetationsgöttern in Verbindung gebracht werden können. Aber auch der Jahreszyklus als geschlossenes Bild kann meines Erachtens in einigen Siegeln vermutet werden, wenn entweder die Tiere Schlange, Ziege und Adler, Skorpion (Abbildung 80), oder die entsprechenden halbanthropomorphen Götter Enki, An und Inanna (Abbildung 123) abgebildet sind.

5.3.4 Rundbild und Relief

Im Großen und Ganzen, kann man sagen, bestätigen die Funde aus diesen beiden Materialgruppen das bisher gesagte. Die aus Texten gewonnene Zusammengehörigkeit von Wasserschlangengott und Erdgöttin wird vor allem durch die als Muttergottheit angesprochenen Statuetten bestätigt.

---

[6] Roaf 1990: 142.
[7] Zumal dieser als Schlangengott Ištaran im 2. Jt. v. Chr. in Susa auf dem Thron in Gestalt von Enki sitzt. Sein Name nimmt auf seinen weiblichen und männlichen Teil Bezug.

5.4 Modelle

5.4.1 Die drei Ebenen der Schöpfung

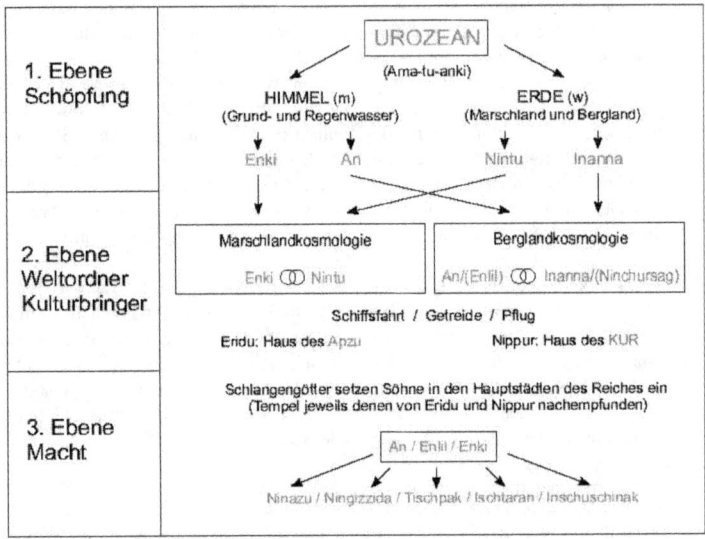

5.4.2 Transformation zum Jahreszeitenwechsel

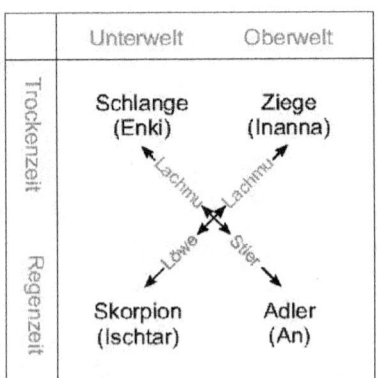

5.4.3 Darstellung der Schlangengötter

Zeit	Mesopotamien	Iran
Obed - Uruk		Ziegen-"Daemon" (= An in mesopot. Genealogie)
FD - Akkad	Enki als Bootgott	
Akkad	Diener *laḫmu*	
	Enki als Kulturbringer	
Kassiten	Stadtgottheit mit *mušḫuš*	Ištaran/Inšušinak auf Schlangenthron (Enki)

Literaturverzeichnis

[Ackerman 1967] ACKERMAN, P.: *Symbol and Myth in Prehistoric Ceramic Ornament*, in: A.U. Pope / P. Ackerman (Hrsg.), Survey of Persian Art. From Prehistoric Times to the Present, Vol. 14, London/New York, 1967, 2914-2929.

[Afanasjeva 1973] AFANASJEVA, V.: *Mündlich überlieferte Dichtung und schriftliche Literatur in Mesopotamien*, in: J. Harmatta (Hrsg.), Acta Antiqua Academiae scientiarum Hungaricae, Budapest, 1973, 121-135.

[Alster 1983] ALSTER, B.: *Dilmun, Bahrain and the Alleged Paradies in Sumerian Myth and Literature*, in: D. Potts (Hrsg.), Dilmun, New Studies in the Archaeology and Early History of Bahrain, Berlin, 1983, 39-74.

[Amiet 1961] AMIET, P.: *La Glyptique Mésopotamienne Archaïque*, Paris, 1961.

[Amiet 1979] AMIET, P.: *l'Iconographie Archaïque de l'Iran: Quelques documents nouveaux*, Syria 56, Paris, 1979.

[Amiet 1980] AMIET, P.: *Cylinder Seals of the Agade Period*, in: E. Porada (Hrsg.), Ancient Art in Seals, New Jersey, 1980, 35-59.

[Amiet 1986] AMIET, P.: *Le problème de l'iconographie divine en Mésopotamie dans la glyptique antérieure à l'époque d'Agade*, Contributi e Materiali di Archeologia Orientale 1, Rom, 1986, 1-62.

[Amiet 1992] AMIET, P.: *Le dieu de l'orage dans L'iconographie des sceaux-cylindres d'Ugarit*, in: D.W.J. Meijer (Hrsg.), Natural Phenomena. Their Meaning, Depiction and Description in the Ancient Near East, Amsterdam/Oxford/New York/Tokio, 1992, 5-17.

[Amiet 1995] AMIET, P.: *La naissance des dieux. Approche iconographique*, Revue Biblique 102/4, Paris, 1995, 481-505.

[Amiet 1997] AMIET, P.: *Anthropomorphisme et aniconisme dans l'antiquité orientale*, Revue Biblique 104/3, Paris, 1997, 321-337.

[Aruz 1998] ARUZ, J.: *Images of the Supernatural World: Bactria-Margiana Seals and Relations with the Near East*, Ancient Civilizations from Scythia to Siberia. An International Journal of Comparative Studies in history and Archaeology, Volume 5.1, Leiden, 1998, 12-30.

[Assmann 1999] ASSMANN, J.: *Das kulturelle Gedächtnis. Schrift, Erinnerung und politische Identität in frühen Hochkulturen*, München, 1999.

[Astour 1968] ASTOUR, M.C.: *Two Ugaritic Serpent Charms*, Journal of Near Eastern Studies 27, Chicago, 1968, 13-36.

[Attinger 1984] ATTINGER, P.: *Enki und Ninḫursaga*, Zeitschrift für Assyriologie 74, Berlin, 1984, 1-52.

[Ayoub 1981] AYOUB, S.: *Die Keramik in Mesopotamien und den Nachbargebieten von der Ur-III Zeit bis zum Ende der Kassitischen Periode*, München, 1981.

[Bailon 1997] BAILON, S.: *Les squelettes de serpents au Quala'at al Bahrain*, in: F. Hojlund und H.H. Andersen (Hrsg.), Quala'at al Bahrain 2, The Central Monumental Buildings, Aarhus, 1997, 134-144.

[Balz-Cochois 1992] BALZ-COCHOIS, H.: *Wesensbild und Kult einer unmütterlichen Göttin Inanna*, Gütersloh, 1992.

[Baumann 1956] BAUMANN, H.: *Das doppelte Geschlecht. Ethnologische Studien zur Bisexualität in Ritus und Mythos*, Berlin, 1956.

[Baumann 1994] BAUMANN, M.P.: *Das ira-arka Prinzip im symbolischen Dualismus andinen Denkens*, in: M.P. Baumann (Hrsg.), Kosmos der Anden. Weltbild und Symbolik indianischer Tradition in Südamerika, München, 1994, 274-317.

[Beaulieu 1992] BEAULIEU, P-A.: *New Light on Sacred Knowledge in Late Babylonian Culture*, Zeitschrift für Assyriologie 82, Berlin, 1992, 98-111.

[Berlejung 1998] BERLEJUNG, A.: *Die Theologie der Bilder. Herstellung und Einweihung von Kultbildern in Mesopotamien und die alttestamentliche Bilderpolemik*, Orbis Biblicus Orientalis 162, Freiburg/Göttingen, 1998.

[Bettin 1994] BETTIN, I.: *Weltbild und Denken in den Zentral-Anden*, in: M.P. Baumann (Hrsg.), Kosmos der Anden. Weltbild und Symbolik indianischer Tradition in Südamerika, München, 1994, 14-42.

[Black/Green 1992] BLACK, J. UND GREEN, A.: *Gods, Demons and Symbols of Ancient Mesopotamia. An Illustrated Dictionary*, London, 1992.

[Blocher 1987] BLOCHER, F.: *Untersuchungen zum Motiv der nackten Frau in der altbabylonischen Zeit*, Münchner Vorderasiatische Studien 4, München, 1987.

[Boehmer 1965] BOEHMER, R.M.: *Die Entwicklung der Glyptik während der Akkad-Zeit*, Berlin, 1965.

[Boehmer 1981] BOEHMER, R.M.: *Stierkopf und Schlange. Die archaische Siegelabrollung W.22150*, Bagdader Mitteilungen 12, Berlin, 1981, 7-8.

[Boehmer 1995] BOEHMER, R.M./ PEDDLE, F./ SALJE, B.: *Uruk: Die Gräber*, Mainz am Rhein, 1995.

[Borgeaud 1981] BORGEAUD, PH.: *L'animal comme opérateur symbolique*, Les Cahiers du Centre d'Etudes du Proche-Orient Ancien 2, L'Animal, L'Homme, Le Dieu dans le Proche-Orient Ancien, Leuven, 1981, 13-19.

[Braitenberg 1994] BRAITENBERG, V.: *Wie kommen Ideen ins Gehirn?*, in: V. Braitenberg/I. Hosp (Hrsg.), Evolution. Entwicklung und Organisation in der Natur, Hamburg, 1994, 153-172.

[Braun-Holzinger 1992] BRAUN-HOLZINGER, E.A.: *Der Bote des Ningizzida*, in: B. Hrouda, S. Kroll, P. Spanos (Hrsg.), Von Uruk nach Tuttul, München, 1992, 37-43.

[Brentjes 1987] BRENTJES, B.: *Sibirische Tier-"Szepter" und verwandte Symbolgeräte*, Archäologische Mitteilungen aus Iran. Neue Folge 20, Berlin, 1987, 93-97.

[Bretschneider 1991] BRETSCHNEIDER, J.: *Architekturmodelle in Vorderasien und der östlichen Ägäis vom Neolithikum bis in das 1. Jahrtausend*, Alter Orient und Altes Testament 229, Kevelaer/ Neukirchen-Vluyn, 1991.

[Buchanan 1971] BUCHANAN, B.: *A Snake Goddess and her Companions*, Iraq 33, London, 1971, 1-18.

[van Buren 1935] VAN BUREN, E.D.: *Entwined Serpents*, Archiv für Orientforschung 10, Berlin/Graz, 1935, 53-65.

[Cauvin 1981] CAUVIN, J.: *Réflexions sur la signification des représentations animales dans le Proche-Orient préhistorique*, Les Cahiers du Centre d'Etudes du Proche-Orient Ancien 2, L'Animal, L'Homme, Le Dieu dans le Proche-Orient Ancien, Leuven, 1981, 21-31.

[Collon 1987] COLLON, D.: *First Impressions, Cylinder Seals in the Ancient Near East*, London, 1987.

[Cordes 1983] CORDES, H.: *Die Mythen über die Regenbogenschlange besonders in Australien*, Magisterarbeit, München, 1983.

[David et al. 1988] DAVID, N., STERNER, J. UND GAVUA, K.: *Why Pots are Decorated*, Current Anthropology 29, Chicago, 1988, 365-389.

[Davis 1986] DAVIS, W.: *The Origins of Image Making*, Current Anthropology 27, Nr. 3, Chicago, 1986, 193-202.

[Diény 1987] DIÉNY, J.-P.: *La Symbolisme du Dragon dans la Chine antique*, Paris, 1987.

[Durkheim 1981] DURKHEIM, E.: *Die elementare Form des religiösen Lebens*, Frankfurt am Main, 1981.

[Dussaud 1949] DUSSAUD, M.: *L'Homme aux Serpents*, Syria 28, Paris, 1949, 57-61.

[Edzard 1997] EDZARD, D.O.: *The Names of the Sumerian Temples*, in: I.C. Finkel und M.J. Geller (Hrsg.), Sumerian Gods and their Representation, Groningen, 1997, 159-165.

[Egli 1982] EGLI, H.: *Das Schlangensymbol: Geschichte, Märchen, Mythos*, Freiburg, 1982.

[Eliade 1978] ELIADE, M.: *Geschichte der religiösen Ideen*, Bände 1-4, Freiburg, 1978.

[Eliade 1985] ELIADE, M.: *The Symbolism of Shadows in Archaic Religions*, in: D. Apostolos-Cappadona (Hrsg.), Symbolism, the Sacred and the Arts, New York, 1985.

[Eliade 1993] ELIADE, M.: *Gefüge und Funktion der Schöpfungsmythen*, Die Schöpfungsmythen, Darmstadt, 1993, 11-34.

[Elkin 1930] ELKIN, A.P.: *The Rainbow-Serpent Myth in North-West Australia*, Oceania 1, Nr.3, 1930, 349-352.

[Ellis 1968] ELLIS, R.: *Foundation Deposits in Ancient Mesopotamia*, New Haven, 1968.

[Erlenmeyer/Erlenmeyer 1970] ERLENMEYER, M,L. UND ERLENMEYER, H.: *Über Schlangendarstellungen der frühen Bildkunst des alten Orients*, Archiv für Orientforschung 23, Berlin/Graz, 1970, 52-62.

[al Fouadi 1969] AL FOUADI, A.H.: *Enki's journey to Nippur. The journey of the Gods*, Dissertation, Pennsylvania University, 1969.

[Francfort 1994] FRANCFORT, H.P.: *The Central Asian Dimension of the symbolic system in Bactria and Margiana*, Antiquity 68, Nr. 259, Cambridge, 1994, 406-418.

[Frankfort 1934] FRANKFORT, H.: *Gods and Myths on Sargonid Seals*, Iraq 1, London, 1934, 2-29.

[Frankfort 1939] FRANKFORT, H.: *Cylinder Seals: A documentary Essay on the Art and Religion of the Ancient Near East*, London, 1939.

[Frankfort 1955] FRANKFORT, H.: *Stratified cylinder seals from the Dijala Region*, Oriental Institute Publications 72, Chicago, 1955.

[Fromm 1957] FROMM, E.: *The forgotten Language*, New York, 1957.

[Furlong 1987] FURLONG, I.: *Divine Headdresses of Mesopotamia in the Early Dynastic Period*, British Archaeological Report International Series 334, Oxford, 1987.

[Garelli/Leibovici 1993] GARELLI, P. UND LEIBOVICI, M.: *Akkadische Schöpfungsmythen*, Die Schöpfungsmythen, Darmstadt, 1993, 121-151.

[Genouillac 1936] DE GENOUILLAC, H.: *Fouilles de Telloh, Époques d'Ur-III Dynastie et de Larsa*, Paris, 1936.

[Gimbutas 1995] GIMBUTAS, M.: *Die Sprache der Göttin*, Frankfurt am Main, 1995.

[Glassner 1992] GLASSNER, J.J.: *Inanna et les ME*, in: M. deJong Ellis (Hrsg.), Nippur at the centennial, Rencontre Assyriologique International 35, Philadelphia, 1992, 55-87.

[Göttlicher 1992] GÖTTLICHER, A.: *Kultschiffe und Schiffskulte im Altertum*, Berlin, 1992.

[Goff 1963] GOFF, B.L.: *Symbols of Prehistoric Mesopotamia*, New Haven/London, 1963.

[Golzio 1983] GOLZIO, K-H.: *Der Tempel im Alten Mesopotamien und seine Parallelen in Indien. Eine religionshistorische Studie*, Leiden, 1983.

[Gordon 1969] GORDON, E.I.: *The meaning of the Ideogram $^{d}KASKAL.KUR =$ "Underground water-course"*, Journal of Cuniform Studies 21, Cambridge Massachusets, 1969, 70-89.

[Green 1997] GREEN, A.: *Myths in Mesopotamian Art*, in: I.C. Finkel und M.J. Geller (Hrsg.), Sumerian Gods and their Representation, Groningen, 1997, 135-158.

[Grill/Maitre 1999] GRILL, B. UND MAITRE, P.: *Tamtam der Träume*, Geo: Das Neue Bild der Welt, Nr.1, 1999, 109-124.

[Groneberg 1986] GRONEBERG, B.: *Die sumerisch-akkadische Inanna/Ištar: Hermaphroditos?*, Die Welt des Orients, Wissenschaftliche Beiträge zur Kunde des Morgenlandes, Band 17, Göttingen, 1986, 25-46.

[Haas 1988] HAAS, V.: *Betrachtungen zur Rekonstruktion des hethitischen Frühjahrsfestes (EZEN purulliyas)*, Zeitschrift für Assyriologie 78, Berlin, 1988, 284-298.

[Hallpike 1979] HALLPIKE, C.R.: *The Foundations of Primitive Thought*, Oxford, 1979.

[Hambly 1931] HAMBLY, W.D.: *Serpent Worship in Africa*, Chicago, 1931.

[Hauptmann 1993] HAUPTMANN, H.: *Ein Kultgebäude in Nevali Çori*, in: M. Frangipane, H. Hauptmann, M. Liverani, P. Matthiae, M. Mellink (Hrsg.), Between the Rivers and over the Mountains. Archaeologica Anatolica et Mesopotamica Alba Palmieri Dedicta, Rom, 1993, 37-69.

[Haussperger 1997] HAUSSPERGER, M.: *Die mesopotamische Medizin und ihre Ärzte aus heutiger Sicht*, Zeitschrift für Assyriologie 87.2, Berlin, 1997, 196-218.

[Hernegger 1978] HERNEGGER, R.: *Der Mensch auf der Suche nach Identität. Kulturanthropologische Studien über Totemismus, Mythos, Religion*, Bonn, 1978.

[Herzfeld 1933] HERZFELD, E.: *Stempelglyptik*, Archäologische Mitteilungen aus Iran 5, Berlin, 1933.

[Hobley 1967] HOBLEY, C.W.: *Bantu Believes and Magic*, London, 1967.

[Hôjlund 1997] HÔJLUND, F.: *Serpent Sacrifices*, in: F. Hojlund und H.H. Andersen (Hrsg.), Quala'at al Bahrain 2, The Central Monumental Buildings, Aarhus, 1997, 134-144.

[Hrouda 1991] HROUDA, B.: *Der Alte Orient*, Gütersloh, 1991.

[Ippolitoni-Strika 1990] IPPOLITONI-STRIKA, F.: *A bowle from Arpachiya and the tradition of portable shrines*, Mesopotamia 25, Florenz, 1990, 147-174.

[Jacobsen 1987] JACOBSEN, TH.: *The Harps that once...*, New Haven/London, 1987.

[Jaynes 1997] JAYNES, J.: *Der Ursprung des Bewußtseins*, Hamburg, 1997.

[Keel 1992] KEEL, O.: *Das Recht der Bilder gesehen zu werden*, Orbis Biblicus Orientalis 122, Freiburg/Göttingen, 1992.

[Kozlowski 1997] KOZLOWSKI, S.K.: *The Gods from Nemrik*, Al-Rafidan XVIII, Tokyo, 1997, 33-41.

[Kuntzmann 1983] KUNTZMANN, R.: *Le Symbolisme des Jumeaux au Proche-Orient Ancien. Naissance, Fonction et Evolution d'un Symbole*, Paris, 1983.

[Lambert 1981] LAMBERT, W.G.: *The history of the muš-ḫuš in Ancient Mesopotamia*, Les Cahiers du Centre d'Etudes du Proche-Orient Ancien 2, L'Animal, L'Homme, Le Dieu dans le Proche-Orient Ancien, Leuven, 1981, 87-94.

[Lambert 1993] LAMBERT, M.: *Sumerische Schöpfungsmythen*, Die Schöpfungsmythen, Darmstadt, 1993, 103-117.

[Lambert 1997] LAMBERT, W.G.: *Sumerian Gods: Combining the Evidence of Text and Art*, in: I.C. Finkel und M.J. Geller (Hrsg.), Sumerian Gods and their Representation, Groningen, 1997, 1-10.

[Lawlor 1990] LAWLOR, R.: *Am Anfang war der Traum. Die Kulturgeschichte der Aborigines*, München, 1993.

[Lawson/McCauley 1990] LAWSON, E.T., MCCAULEY, R.N.: *Rethinking Religion, Connecting Cognition and Culture*, Cambridge, 1990.

[Livingstone 1997] LIVINGSTONE, A.: *How the common man influences the gods of Sumer*, in: I.C. Finkel und M.J. Geller (Hrsg.), Sumerian Gods and their Representation, Groningen, 1997, 215-220.

[Löw 1998] LÖW, U.: *Figürlich verzierte Metallgefäße aus Nord- und Nordwestiran*, Altertumskunde des Vorderen Orient 6, Münster, 1998.

[van Loon 1990] VAN LOON, M.: *The naked rain goddess*, in: P. Matthiae, M. van Loon, H. Weiss (Hrsg.), Ressurecting the Past. A Joint Tribute to A. Bounni, Leiden, 1990, 363-378.

[van Loon 1992] VAN LOON, M.: *The Rainbow in Ancient West Asian Iconography*, in: D.W.J. Meijer (Hrsg.), Natural Phenomena. Their Meaning, Depiction and Description in the Ancient Near East, Amsterdam/Oxford/New York/Tokyo, 1992, 149-167.

[Lurker 1983] LURKER, M.: *Adler und Schlange. Tiersymbolik im Glauben und Weltbild der Völker*, Tübingen, 1983.

[Lurker 1982] LURKER, M.: *Zur symbolwissenschaftlichen Terminologie in den anthropologischen Disziplinen*, in: M. Lurker (Hrsg.), Beiträge zu Symbol, Symbolbegriff und Symbolforschung, Ergänzungsband 1, Baden-Baden, 1982, 95-108.

[Marshack 1986] MARSHACK, A.: *More on the Endless Serpent*, Current Anthropology 27, 1986, 263-264.

[Marven/Harvey 1997] MARVEN, N. UND HARVEY, R.: *Schlangen: Das neue kompakte Bestimmungsbuch*, Köln, 1997.

[Miller/Lenneberg 1978] MILLER, G.A. UND LENNEBERG, E. (HRSG.): *Psychology and Biology of Language and Thought*, New York, 1978.

[Miroschedji 1981] DE MIROSCHEDJI, P.: *Le Dieu élamite aux Serpents et aux Eaux Jaillissantes*, Iranica Antiqua XVI, Gent, 1981.

[Monaghan 1989] MONAGHAN, J.: *The feathered Serpent in Oaxaca*, Expedition 31, Philadelphia, 1989, 12-18.

[Mountford 1978] MOUNTFORD, C.P.: *Hommes bruns et sables rouges. Mythes et Rites des Aborigines d'Australia central*, 1978.

[Müller-Karpe 1983] MÜLLER-KARPE, H.: *Das Tier in der Kunst und Religion des 3. und 2. Jts. v. Chr. im Vorderen Orient und in Europa*, Kommission für allgemeine und vergleichende Archäologie, Zur frühen Mensch-Tier-Symbiose, München, 1983, 59-97.

[Mundkur 1978] MUNDKUR, B.: *Notes on two ancient fertility symbols*, East and West 28, Rom, 1978, 263-282.

[Mundkur 1983] MUNDKUR, B.: *The Cult of the Serpent. An Interdisciplinary Survey of its Manifestations and its Origins*, New York, 1983.

[Nunn 1997] NUNN, A.: *Helden und Mischwesen in der altbabylonischen Glyptik*, Zeitschrift für Assyriologie 87, Berlin, 1997, 222-246.

[Orthmann 1985] ORTHMANN, W.: *Der Alte Orient*, Propyläen Kunstgeschichte, Berlin, 1985.

[v. d. Osten-Sacken 1992] VON DER OSTEN-SACKEN. E.: *Der Ziegen-"Dämon": Obēd- und urukzeitliche Götterdarstellungen*, in: K. Bergerhof, M. Dietrich und O. Loretz (Hrsg.), Alter Orient und Altes Testament Bd. 230, Kevelaer/Neukirchen-Vluyn, 1992.

[Parrot 1951] PARROT, A.: *L'Homme Aux Serpents*, Syria 28, Paris, 1951, 57-61.

[Pettinato 1971] PETTINATO, G.: *Das altorientalische Menschenbild und die sumerisch und akkadischen Schöpfungsmythen*, Heidlberg, 1971.

[Porada 1948] PORADA, E.: *Corpus of Ancient Near Eastern Cylinder Seals in North American Collections*, New York, 1948.

[Porada 1992] PORADA, E.: *A Cylinder with a Storm God and Problems*, in: D.W.J. Meijer (Hrsg.), Natural Phenomena. Their Meaning, Depiction and Description in the Ancient Near East, Amsterdam/Oxford/New York/Tokyo, 1992, 227-243.

[Radcliff-Brown 1930] RADCLIFF-BROWN, A.R.: *The Rainbow-Serpent Myth in South East Australia*, Oceania 1, 1930, 352-355.

[Rage 1994 a] RAGE, J.-C.: *Ursprung und Evolution der Schlangen*, in: R. Bauchot (Hrsg.), Schlangen, Augsburg, 1994, 26-33.

[Rage 1994 b] RAGE, J.-C.: *Artenvielfalt und Diversität*, in: R. Bauchot (Hrsg.), Schlangen, Augsburg, 1994, 34-47.

[Rashad 1990] RASHAD, M.: *Die Entwicklung der Vor- und Frühgeschichtlichen Stempelsiegel in Iran*, Archäologische Mitteilungen aus Iran. Ergänzungsband 13, Berlin, 1990.

[Reade 1997] READE, J.: *Sumerian origins*, in: I.C. Finkel und M.J. Geller (Hrsg.), Sumerian Gods and their Representation, Groningen, 1997, 221-229.

[RLA 1928-1998] REALLEXIKON DER ASSYRIOLOGIE UND VORDERASIATISCHEN ARCHÄOLOGIE: *A - Nanše*, D.O. Edzard (Hrsg.), Berlin/New York, 1928-1998.

[Roaf 1990] ROAF, M.: *Cultural Atlas of Mesopotamia and the Ancient Near East*, Oxford, 1990.

[Römer/Edzard 1993] RÖMER, W.H.PH. UND EDZARD, D.O.: *Weisheitstexte, Mythen und Epen*, in: Texte aus der Umwelt des alten Testaments, Mythen und Epen I und II, München, 1993.

[Safar 1981] SAFAR, F., MUSTAFA, M.A., LLOYD, S.: *Eridu*, Republic of Iraq, 1981.

[Sarianidi 1986] SARIANIDI, V.: *Die Kunst des alten Afghanistan. Architektur, Keramik, Siegel. Kunstwerke aus Stein und Metall*, Leipzig, 1986.

[Schmidt 1998] SCHMIDT, K.: *Frühneolithische Tempel*, Mitteilungen der Deutschen Orientgesellschaft 130, Berlin, 1998.

[Scorupski 1976] SCORUPSKI, J.: *Symbol and Theory. A philosophical study of theories of religion in social anthropology*, Cambridge, 1976.

[Seidl 1989] SEIDL, U.: *Die babylonischen Kudurrureliefs. Symbole mesopotamischer Gottheiten*, Orbis Biblicus Orientalis 87, Freiburg/Göttingen, 1989.

[Seidl 1998] SEIDL, U.: *Das Flut-Ungeheuer abūbu*, Zeitschrift für Assyriologie 88.1, Berlin, 1998, 100-113.

[Selz 1989] SELZ, G.J.: *Elam und Sumer - Skizze einer Nachbarschaft*, in: L. De Meyer und H. Gasche (Hrsg.), Mesopotamian History and Environment. Mesopotamie et Elam, Occasional Publications Volume I., Rencontre Assyriologique International 36, Gent, 1989, 27-43.

[Selz 1992] SELZ, G.J.: *Enlil und Nippur nach präsargonischen Quellen*, in: M. deJong Ellis (Hrsg.), Nippur at the Centennial. Rencontre Assyriologique International 35, Philadelphia, 1992, 189-227.

[Selz 1997] SELZ, G.J.: *The holy Drum, the Spear, and the Harp. Towards an understanding of the problems of déification in the third millenium Mesopotamia*, in: I.C. Finkel und M.J. Geller (Hrsg.), Sumerian Gods and their Representation, Groningen, 1997, 167-213.

[Seux 1976] SEUX, J-M.: *Hymnes et prières aux dieux de Babylonie et d'Assyrie*, Littératures anciennes du Proche-Orient, Paris, 1976.

[Silva 1991] SILVA, A.: *La symbolique des rêves et des vêtements dans les mythes sur Dumuzi*, The Canadian Society for Mesopotamian Studies 22, 1991, 31-37.

[von Soden 1989] VON SODEN, W.: *Der Urmensch im Atramhasis-Mythos*, in: L. De Meyer und H. Gasche (Hrsg.), Mesopotamian History and Environment. Mesopotamie et Elam, Occasional Publications Volume I., Rencontre Assyriologique International 36, Gent, 1989, 47-51.

[Sperber 1975] SPERBER, D.: *Rethinking Symbolism*, Cambridge, 1975.

[Spycket 1968] SPYCKET, A.: *Les Statues de culte dans les textes mésopotamiens des origines à la Ire dynastie de Babylone*, Paris, 1968.

[Spycket 1981] SPYCKET, A.: *La statuaire du Proche-Orient ancien*, Handbuch der Orientalistik, Leiden, 1981.

[Spycket 1992] SPYCKET, A.: *Les figurines de Suse I: Les figurines humaines, IVe-IIe millénaires av. J.-C.*, Mémoires de la Délégation Archéologique en Iran 52, Paris, 1992.

[Stevens 1989] STEVENS, G.: *Eine ikonographische Untersuchung der Schlange im vorgeschichtlichen Mesopotamien*, in: L. De Meyer et E. Haerinck (Hrsg.), Festschrift Vandenberghe, Archaeologica Iranica et Orientalis, Gent, 1989.

[Stucki 1984] STUCKI, W.: *Unterlagen zur Keramik des Alten Vorderen Orients*, Teil 1 und 2, Zürich, 1984.

[Toscanne 1911] TOSCANNE, P.: *Études sur le Serpent Figure et Symbole dans l'Antiquité Elamite*, Mémoires de la délégation en Perse 12, Paris, 1911.

[Trokay 1989] TROKAY, M.: *Les origines du dieu élamite au serpent*, in: L. De Meyer und H. Gasche (Hrsg.), Mesopotamian History and Environment. Mesopotamie et Elam, Occasional Publications Volume I., Rencontre Assyriologique International 36, Gent, 1989, 153-162.

[Vantisphout 1997] VANTISPHOUT, H.L.J.: *Why did Enki organize the world?*, in: I.C. Finkel und M.J. Geller (Hrsg.), Sumerian Gods and their Representation, Groningen, 1997, 117-134.

[Veldhuis 1993] VELDHUIS, N.: *An Ur-III Incantation against the Bite of a Snake, a Scorpion, or a Dog*, Zeitschrift für Assyriologie 83, Berlin, 1993, 161-169.

[Warburg 1988] WARBURG, A.M.: *Schlangenritual. Ein Reisebericht*, Berlin, 1988.

[Wardenburg 1980] WARDENBURG, J.: *Symbolic Aspects of Myth*, in: Olson, A.M. (Hrsg.), Myth, Symbol and Reality, Notre Dame/London, 1980, 41-68.

[Werblowsky 1973] WERBLOWSKY, R.J.Z.: *Structure and Archetype*, Journal of Ancient Near Eastern Studies 5, New York, 1973, 436-442.

[Westenholz 1992] WESTENHOLZ, J.G.: *The Clergy of Nippur. The Priestess of Enlil*, in: M. deJong Ellis (Hrsg.), Nippur at the Centennial. Rencontre Assyriologique International 35, Philadelphia, 1992, 297-311.

[Wickede 1989] VON WICKEDE, A.: *Prähistorische Stempelglyptik in Vorderasien*, München, 1989.

[Wiggermann 1983] WIGGERMANN, F.A.M.: *EXIT TALIM! Studies in babylonian Demonology, I*, Jaarbericht Ex Oriente Lux 27 (1981/82), Leiden, 1983, 90-105.

[Wiggermann 1992 a] WIGGERMANN, F.A.M.: *Mythological Foundations of Nature*, in: D. W. J. Meijer (Hrsg.), Natural Phenomena. Their Meaning, Depiction and Description in the Ancient Near East, Amsterdam/Oxford/New York/Tokyo, 1992, 279-306.

[Wiggermann 1992 b] WIGGERMANN, F.A.M.: *Mesopotamian Protective Spirits. The Ritual Texts*, Groningen, 1992.

[Wiggermann 1997] WIGGERMANN, F.A.M.: *Transtigridian Snake Gods*, in: I.C. Finkel und M.J. Geller (Hrsg.), Sumerian Gods and their Representation, Groningen, 1997, 33-55.

[Winter 1984] WINTER, I.: *Rezension zu A. Spycket, La Statuaire du Proche Orient Ancien*, Journal of Cuniform Studies 36, New Haven, 1984, 102-114.

[Wolman 1979] WOLMAN, B.B. (ED.): *Handbook of Dreams, Research, Theories and Applications*, New York, 1979.

[Zheng 1990] ZHENG, C.: *Mythen des alten China*, München, 1990.

Anhang A

Abbildungen

A.1 Karte

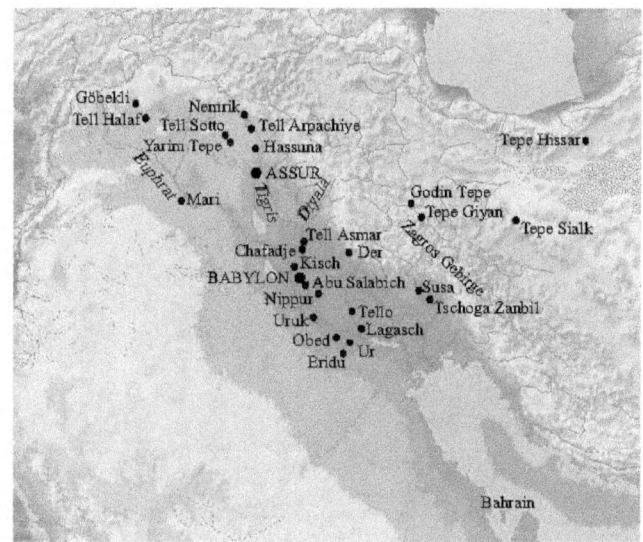

Abb. 1: Der Vordere Orient.
Encarta Weltatlas

A.2 Lebende Schlangen

Abb. 2: Einäugige Schlange.
Rage 1994: 107 unten.

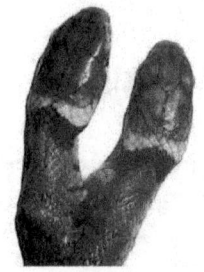

Abb. 3: Zweiköpfige Schlange.
Rage 1994: 106 rechts.

Abb. 4: Cerastes.
Rage 1994: 130.

A.3 Schlange auf Keramik

A.3.1 Bemalung

Abb. 5: Arpachiya.
Stevens 1989: Abb. A 3.

Abb. 9: Yarim Tepe.
Stevens 1989: Abb. A 7.

Abb. 13: Tepe Sialk.
Stucki 1984: Taf. XXVII: 876a.

Abb. 6: Tell Halaf.
Stevens 1989: Abb. A 4.

Abb. 10: Tepe Sialk.
Stucki 1984: Taf. XXVII: 871.

Abb. 14: Tepe Sialk.
Stucki 1984: Taf. XXVII: 876b.

Abb. 7: Yarim Tepe.
Stevens 1989: Abb. A 5.

Abb. 11: Tepe Sialk.
Stucki 1984: Taf. XXVII: 872a.

Abb. 15: Susa.
Stucki 1984: Taf. XXVII: 875.

Abb. 8: Yarim Tepe.
Stevens 1989: Abb. A 6.

Abb. 12: Tepe Sialk.
Stucki 1984: Taf. XXVII: 873.

Abb. 16: Bakun.
Stucki 1984: Taf. XXVII: 877.

Abb. 17: Bouhallan.
Stucki 1984: Taf. XXVII: 879.

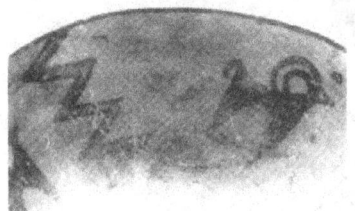

Abb. 18: Privatsammlung.
Erlenmeyer 1970: Abb. 25.

Abb. 19: Susa.
v. d. Osten-Sacken 1992: Taf. XXXI, Abb. 71.

Abb. 20: Tell Asmar.
v. d. Osten-Sacken 1992: Taf. XXXI, Abb. 70.

A.3.2 Appliken

Abb. 21: Tell Sotto.
Stevens 1989: Abb. A 1.

Abb. 22: Tell Sotto.
Stevens 1989: Abb. A 2.

Abb. 23: Uruk.
Stevens 1989: Abb. B 1.

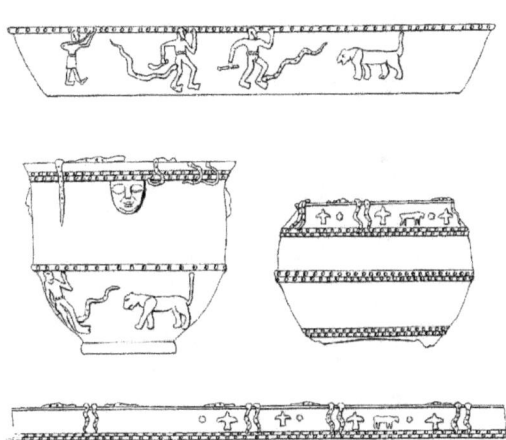

Abb. 24:
Ayoub 1981: 26 A-C.

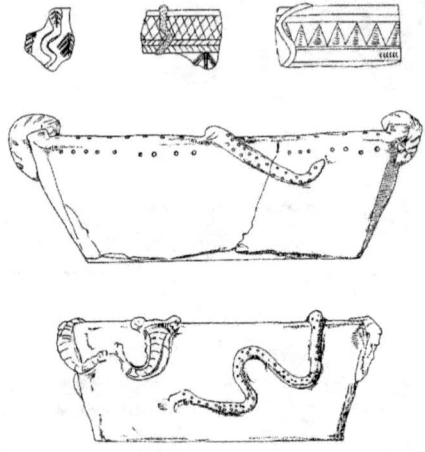

Abb. 25:
Ayoub 1981: 28 I, J.

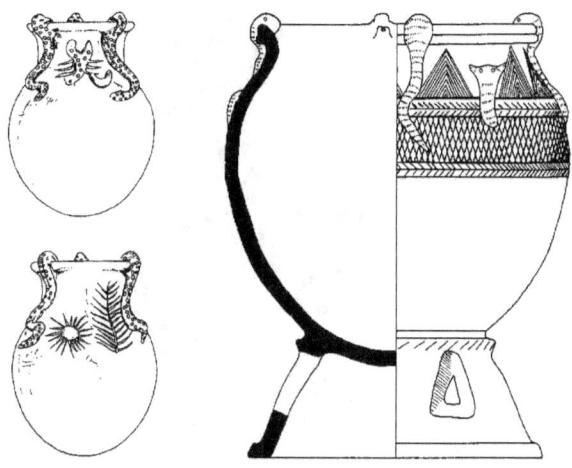

Abb. 26:
Ayoub 1981: 29 K, L.

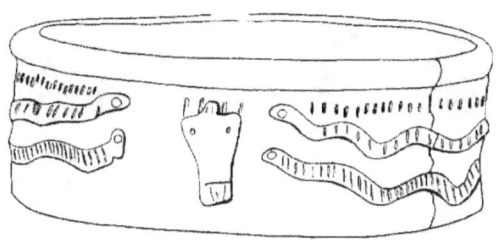

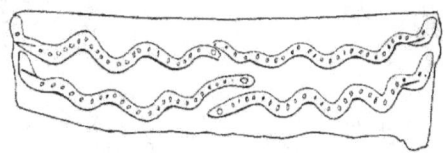

Abb. 27:
Ayoub 1981: 27 F.

Abb. 28: Dilmun.
Bailon 1997: Fig. 635.

A.4 Schlange auf Stempelsiegeln

Abb. 29: Privatsammlung. **Abb. 31:**
Erlenmeyer 1970: Abb. 11 a, b. *Erlenmeyer 1970: Abb. 20.*

Abb. 30:   **Abb. 32:** Kunsthandel aus Iran.
Herzfeld 1932/33: 87, Abb. 14. *Rashad 1990: Taf. 44, Abb. 1131.*

Abb. 33: Kunsthandel.
Rashad 1990: Taf. 11, Abb. 339.

Abb. 34: Tepe Gaura.   **Abb. 36:** Değirmen Tepe.
Stevens 1989: Abb. C 19.   *von Wickede 1990: Abb. 5.*

Abb. 35: Tepe Gaura.   **Abb. 37:** Tepe Giyan.
Stevens 1989: Abb. D 9.   *v. d. Osten-Sacken 1992: Taf. XVIII,
Abb. 37.*

A.4.1 Schlange und ziegenköpfiges Wesen

Abb. 38:
Trokay 1991: 160, Abb. 1.

Abb. 41: Susa.
v. d. Osten-Sacken 1992:
Taf. XXIII, Abb. 48.

Abb. 44: Kunsthandel aus Luristan.
Rashad 1990: Taf. 45, Abb. 1154.

Abb. 39: Kunsthandel.
v. d. Osten-Sacken 1992:
Taf. XXX, Abb. 68.

Abb. 42: Kunsthandel.
v. d. Osten-Sacken 1992:
Taf. XIX, Abb. 41.

Abb. 45: Tell Asmar.
v. d. Osten-Sacken 1992:
Taf. XXX, Abb. 69.

Abb. 40: Kunsthandel aus Luristan.
Rashad 1990: Taf. 12, Abb. 347.

Abb. 43: Kunsthandel aus Luristan.
Rashad 1990: Taf. 10, Abb. 335.

Abb. 46: Kunsthandel.
v. d. Osten-Sacken 1992:
Taf. XXVIII, Abb. 62-64.

Abb. 47: Kunsthandel aus Luristan. *Rashad 1990: Taf. 45, Abb. 1143.*

Abb. 51: Tepe Giyan. *v. d. Osten-Sacken 1992: Taf. XVI, Abb. 31.*

Abb. 54: Tepe Giyan. *v. d. Osten-Sacken 1992: Taf. XXVI, Abb. 55.*

Abb. 48: Kunsthandel. *v. d. Osten-Sacken 1992: Taf. XXVII, 61-62.*

Abb. 52: Kunsthandel. *v. d. Osten-Sacken 1992: Taf. XIX, Abb. 40.*

Abb. 55: *Rashad 1990: Taf. 10, Abb. 331.*

Abb. 49: Tepe Giyan. *v. d. Osten-Sacken 1992: Taf. XVIII, Abb. 39.*

Abb. 53: Luristan? *Rashad 1990: Taf. 46, Abb. 1155.*

Abb. 56: Kunsthandel. *v. d. Osten-Sacken 1992: Taf. XXIX, Abb. 67.*

Abb. 50: Susa. *v. d. Osten-Sacken 1992: Taf. XXIII, Abb. 47.*

Abb. 57: Kunsthandel aus Luristan?
Rashad 1990: Taf. 44, Abb. 1140.

Abb. 58:
Herzfeld 1933: Abb. 25.

A.4.2 Schlange und Capride

Abb. 59: Kunsthandel aus Luristan.
Rashad 1990: Taf. 46, Abb. 1163.

Abb. 60: Kunsthandel aus Luristan.
Rashad 1990: Taf. 45, Abb. 1146.

Abb. 61: Kunsthandel.
Rashad 1990: Taf. 9, Abb. 328.

Abb. 62: Kunsthandel.
*Rashad 1990: Taf. 10,
Abb. 330.*

Abb. 65: Kunsthandel aus Iran.
*Rashad 1990: Taf. 44,
Abb. 1132.*

Abb. 68: Kunsthandel.
*v. d. Osten-Sacken 1992:
Taf. XXX, Abb. 68.*

Abb. 63: Kunsthandel.
*Rashad 1990: Taf. 10,
Abb. 329.*

Abb. 66: Kunsthandel aus Luristan.
*Rashad 1990: Taf. 45,
Abb. 1153.*

Abb. 69:
Stevens 1989: Abb. D 2.

Abb. 70: Tepe Gaura.
Stevens 1989: Abb. D 6.

Abb. 64: Kunsthandel aus Iran.
*Rashad 1990: Taf. 44,
Abb. 1134.*

Abb. 67: Kunsthandel aus Luristan.
*Rashad 1990: Taf. 46,
Abb. 1162.*

Abb. 71: Tepe Gaura.
Stevens 1989: Abb. D 7.

Abb. 72: Tepe Gaura.
Von Wickede 1990:
Abb. 324 a.

Abb. 73: Tepe Gaura.
Stevens 1989: Abb. D 5.

Abb. 74: Kunsthandel aus
Luristan.
Rashad 1990: Taf. 45,
Abb. 1152.

Abb. 75: Tepe Gaura.
Stevens 1989: Abb. D 8.

Abb. 76: Kunsthandel aus Luristan.
Rashad 1990: Taf. 46, Abb. 1164.

A.4.3 Verschlungene Schlange

Abb. 77: Tepe Gaura.
Erlenmeyer 1970:
Abb. 10.

Abb. 78: Tepe Gaura.
Stevens 1989: Abb. C 3.

Abb. 79:
Rashad 1990: Taf. 9,
Abb. 327.

A.5 Schlange auf Rollsiegeln

Abb. 80: Larsa.
Stevens 1989: Abb. C 8.

Abb. 81: Tell Agrab.
Frankfort 1955: Taf. 84, Abb. 882.

Abb. 82:
Collon 1987: Abb. 852.

A.5.1 Schlangenbändiger

Abb. 83: Abu Salabih.
v. d. Osten-Sacken 1992: Taf. XXXIX, Abb. 82.

Abb. 85: Uruk.
Stevens 1989: Abb. C 21.

Abb. 86:
Erlenmeyer 1970: Abb. 2.

Abb. 84: Uruk.
Stevens 1989: Abb. C 20.

Abb. 87: Tell Asmar.
Frankfort 1955: Abb. 535.

Abb. 89:
Erlenmeyer 1970: Abb. 1.

Abb. 90: Privatsammlung.
Erlenmeyer 1070: Abb. 4.

Abb. 88:
Erlenmeyer 1970: Abb. 3.

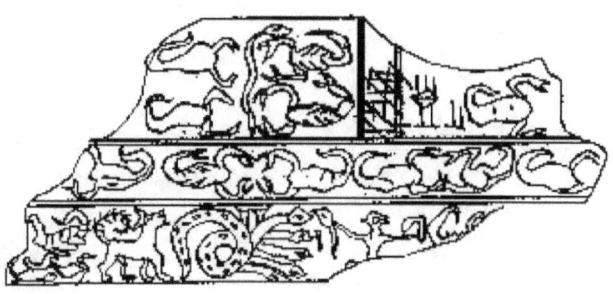

Abb. 91: Tell Asmar.
Frankfort 1955: Abb. 497.

A.5.2 Verschlungene Schlange

Abb. 92: Uruk.
Stevens 1989: Abb. B 11.

Abb. 93: Uruk.
Stevens 1989: Abb. C 7.

Abb. 94: Uruk.
Stevens 1989: Abb. C 12.

Abb. 95: Uruk.
Stevens 1989: Abb. C 18.

Abb. 96: Chafadji.
Frankfort 1955: Abb. 244.

Abb. 97: Fara.
van Buren 1935: Abb. 6.

Abb. 98: Ur.
van Buren 1935: Abb. 10.

Abb. 99: Tell Asmar.
Frankfort 1955: Abb. 590.

Abb. 100:
van Buren 1935: Abb. 8.

Abb. 101: Tigris-Gruppe.
Boehmer 1965: Abb. 664.

Abb. 102:
Boehmer 1965: Abb. 679.

Abb. 103: Tell Asmar.
Boehmer 1965: Abb. 681.

Abb. 104: Tello.
Boehmer 1965: Abb. 639.

Abb. 105: Tell Asmar.
Frankfort 1955: Abb. 593.

Abb. 106: Tell Asmar.
Frankfort 1955: Abb. 592.

Abb. 107: Kiš.
van Buren 1935: Abb. 4.

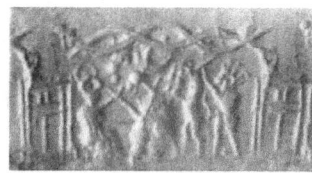

Abb. 108:
van Buren 1935: Abb. 5.

Abb. 109:
Boehmer 1965: Abb. 218.

A.5.3 Einfache Schlange in Szenen

Abb. 110: Tell Asmar.
Frankfort 1955: Abb. 577.

Abb. 114: Tell Asmar.
Frankfort 1955: Abb. 723.

Abb. 111:
Boehmer 1965: Abb. 572.

Abb. 115: Tell Asmar.
Frankfort 1955: Abb. 711.

Abb. 112: Babylon.
Boehmer 1965: Abb. 536.

Abb. 116: Tell Asmar.
Frankfort 1955: Abb. 744.

Abb. 113:
Wiggermann 1997: Abb. 6 a.

Abb. 117: Tell Asmar.
Frankfort 1955: Taf. 68, Abb. 737.

Abb. 118: Tell Asmar.
Frankfort 1955: Abb. 717.

Abb. 119: Tell Asmar.
Frankfort 1955: Abb. 771.

Abb. 120: Tell Asmar.
Frankfort 1955: Taf. 62, Abb. 654.

Abb. 121:
Boehmer 1965: Abb. 299.

Abb. 122:
Boehmer 1965: Abb. 283.

Abb. 123:
Wiggermann 1997: Abb. 4 b.

Abb. 124: Mari.
Boehmer 1965: Abb. 552.

Abb. 125: Ur.
Trokay 1989: Abb. 11.

Abb. 126: Tell Asmar.
Frankfort 1955: Abb. 478.

Abb. 127: Tell Asmar.
Frankfort 1955: Taf. 70, Abb. 760.

Abb. 128:
Collon 1987: Abb. 723.

Abb. 129: Tell Asmar.
Frankfort 1955: Abb. 499.

Abb. 130:
Boehmer 1965: Taf. 40, Abb. 473.

Abb. 131:
Boehmer 1965: Taf. 40, Abb. 474.

Abb. 132:
Boehmer 1965: Taf. 40, Abb. 475.

Abb. 133:
Boehmer 1965: Taf. 40, Abb. 476.

Abb. 134:
Boehmer 1965: Taf. 40, Abb. 477.

Abb. 135:
Boehmer 1965: Taf. 40, Abb. 478.

A.5.4 Schlangengott

Abb. 136:
Boehmer 1965: Abb. 575.

Abb. 140: Tell Asmar.
Boehmer 1965: Abb. 585.

Abb. 137: Susa.
Trokay 1991: Abb. 8.

Abb. 141:
Boehmer 1965: Abb. 577.

Abb. 138: Tell Asmar.
Frankfort 1955: Abb. 589.

Abb. 142: Tell Asmar.
Boehmer 1965: Abb. 583.

Abb. 139: Tell Asmar.
Frankfort 1955: Abb. 638.

Abb. 143:
Boehmer 1965: Abb. 584.

Abb. 144: Tell Asmar.
Frankfort 1955: Abb. 659.

Abb. 148: Susa.
Boehmer 1965: Abb. 579.

Abb. 145: Tell Asmar.
Frankfort 1955: Abb. 606.

Abb. 149:
Boehmer 1965: Abb. 587.

Abb. 150:
Boehmer 1965: Abb. 586.

Abb. 146:
Boehmer 1965: Abb. 580.

Abb. 151: Tell Asmar.
Frankfort 1955: Abb. 616.

Abb. 147:
Boehmer 1965: Abb. 576.

A.5.5 Gott auf Schlangenthron

Abb. 152: Susa.
Miroschedji 1981: Taf. I, Abb. 5.

Abb. 153: Susa.
Miroschedji 1981: Taf. I, Abb. 6.

Abb. 154:
Trokay 1991: Abb. 5.

Abb. 155: Susa.
Miroschedji 1981: Taf. II, Abb. 5.

Abb. 156: Susa.
Miroschedji 1981: Taf. I, Abb. 1.

Abb. 157: Susa.
Miroschedji 1981: Taf. I, Abb. 2.

Abb. 158: Susa.
Miroschedji 1981: Taf. I, Abb. 3.

Abb. 160:
van Buren 1935: Taf. 10 a.

Abb. 161:
Wiggermann 1997: Abb. 2 c.

Abb. 159: Susa.
Miroschedji 1981: Taf. II, Abb. 4.

	1	2	3	4	5	6
	Protolit.	Ed IIIb	Early Akk.	Akkadian	Ur III	NAss.
	Earliest Form		Forerunner	Classical Form and Variants		
	Lion's head		Snake's head	Horns and talons of an eagle		

Abb. 162:
Wiggermann 1997: Abb. 2, 1-6.

Abb. 163:
van Loon 1992: Abb. 17.

Abb. 164:
Wiggermann 1997: Abb. 3 a.

A.6 Schlange in der Rundplastik

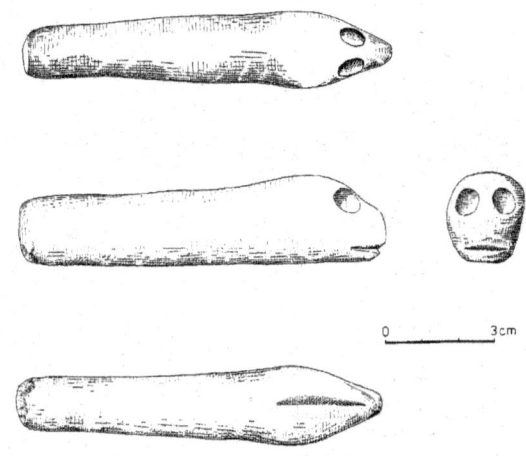

Abb. 165: Nemrik.
Kozlowski 1997: Abb. 1.

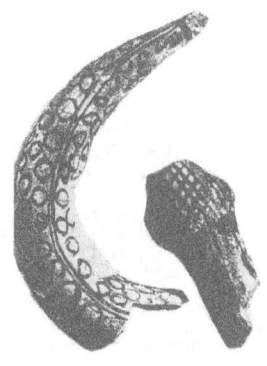

Abb. 166: Nevali Çori.
Festschrift Palmeri 1993: Abb. 19.

Abb. 167: Eridu.
Safar 1981: Abb. 110 links.

Abb. 168: Eridu.
Safar 1981: Abb. 110 rechts.

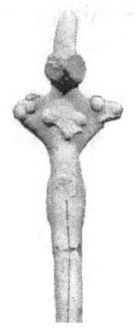

Abb. 171: Eridu.
Hrouda 1991: 52.

Abb. 169: Tello.
Genouillac 1936: Abb. 4.

Abb. 172: Ur.
Hrouda 1991: 52.

Abb. 170:
Gimbutas 1995: Abb. 203.

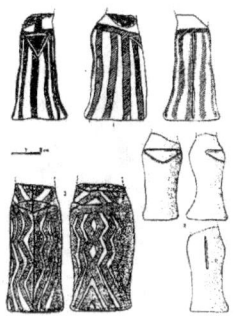

Abb. 173:
Ippolitoni-Strika 1990: Abb. S.

Abb. 176:
Parrot 1951: 57-61.

Abb. 174: Tello.
Parrot 1951: 57-61.

Abb. 177:
Francfort 1994: Abb. 3.

Abb. 175: Tell as-Sukhairi.
Parrot 1951: 57-61.

Abb. 178:
Francfort 1994: Abb. 4.

Abb. 179:
Francfort 1994: Abb. 5.

Abb. 182:
Miroschedji 1981: Taf. IV, Abb. 1.

Abb. 183:
Miroschedji 1981: Taf. IV 2 und XI.

Abb. 180: Jaraffabad.
Ippolitoni-Strika 1990: Abb. H.

Abb. 184:
Miroschedji 1981: Taf. 11, Abb. 3, 4.

Abb. 181:
Miroschedji 1981: Taf. III.

A.7 Schlange in Relief

Abb. 185: Göbekli.
Schmidt 1998: Abb. 13.

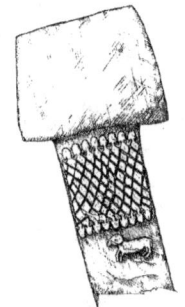

Abb. 186: Göbekli.
Schmidt 1998: Abb. 14.

Abb. 187:
v. d. Osten-Sacken 1992: Taf. XXXVII, Abb. 76.

Abb. 188: Luristan.
Trokay 1989: Fig. 19.

Abb. 189: Nippur.
Roaf 1990: 81.

Abb. 190: Tell Asmar.
Wiggermann 1997: Abb. 2 b.

Abb. 191: Lagaš.
Green 1992: 167, Abb. 139.

Abb. 192: Nord-Westiran.
Löw 1998: Fig. 136.

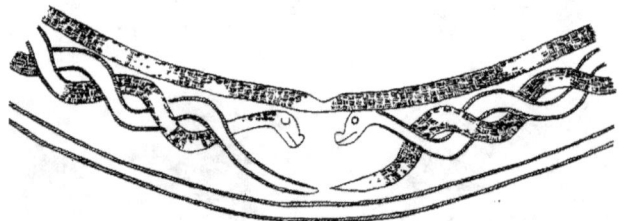

Abb. 193: Nord-Westiran.
Löw 1998: Fig. 132.

Abb. 194: Nord-Westiran.
Löw 1998: Fig. 110.

Abb. 196: Naqš-i Rustam.
Miroschedji 1981: Taf. V.

Abb. 195: Nord-Westiran.
Löw 1998: Fig. 122 b.

Abb. 197: Kurangun.
Miroschedji 1981: Taf. VI.

Abb. 199:
Miroschedji 1981: Taf. IX.

Abb. 202: Susa.
Seidl 1989: Nr. 40.

Abb. 200:
Miroschedji 1981: Taf. IX, 2.

Abb. 201:
Miroschedji 1981: Taf. IX, 3.

Abb. 203: Susa.
Seidl 1989: Abb. 4.

A.8 Schlange und Kultbauten

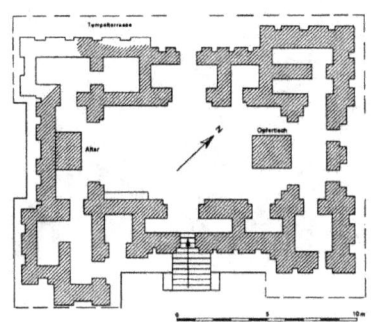

Abb. 204: Eridu.
Golzio 1983: Abb. 1.

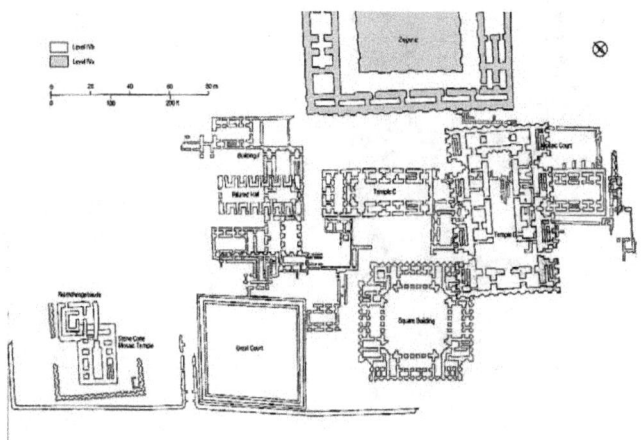

Abb. 205: Uruk.
Roaf 1990: 63.

Abb. 206: Uruk.
Hrouda 1991: 300.

Abb. 207: Uruk.
Roaf 1990: 62.

Abb. 208: Huwawa
RLA 1972-75: Abb. 1, 531.

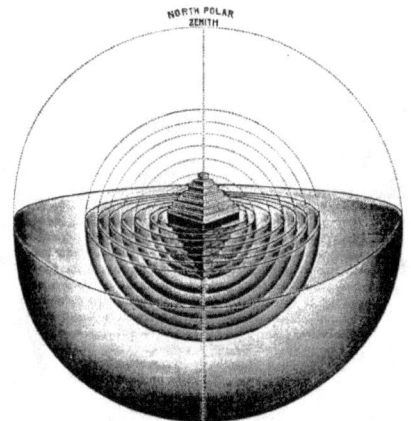

Abb. 209: Weltbild.
Golzio 1983: Abb. 9.

A.9 Darstellungen aus anderen Kulturkreisen

Abb. 210: Kongopython verdaut Ziege.
Hambly 1931: Taf. 2.

Abb. 211: Kamerun: Medizinmann.
Hambly 1931: Taf. 6.

Abb. 212: Benin: Holzbox.
Hambly 1931: Taf. 5.

Anhang B

Chronologietabelle

Daten (v. Chr.)	Nord-Mesopotamien	Süd-Mesopotamien	Iran/Golfregion
7.000	Hassuna Samarra Halaf	Obēd	Obēd
4.000	Gaura	Uruk	Susa A (Urukeinfluss)
3.000	Ninive 5	Ğemdet Nasr Frühdynastisch	Protoelamisch
2.300	Akkad Ur III	Akkad Ur III	Altelamisch + Godin III + Dilmun
2.000	Altassyrisch	Isin-Larsa + Altbabylonisch	Altelamisch + Godin III + Dilmun
1.500	Mittani Mittelassyrisch	Kassiten + Mittelbabylonisch	Mittelelamisch
1.000	Spätassyrisch	Spätbabylonisch	Meder + Urartäer

(Nach Roaf 1990: 8-9.)

Es handelt sich hier nur um Annäherungsdaten, die als grobes zeitliches Raster im Untersuchungsgebiet dienen sollen. Ein "+" bedeutet gleichzeitiges Auftreten mehrerer Kulturen. Die versetzte Ausrichtung steht für eine zeitliche Abfolge.

www.ingramcontent.com/pod-product-compliance
Lightning Source LLC
Chambersburg PA
CBHW070643300426
44111CB00013B/2240